谢卫东 著

久久为功

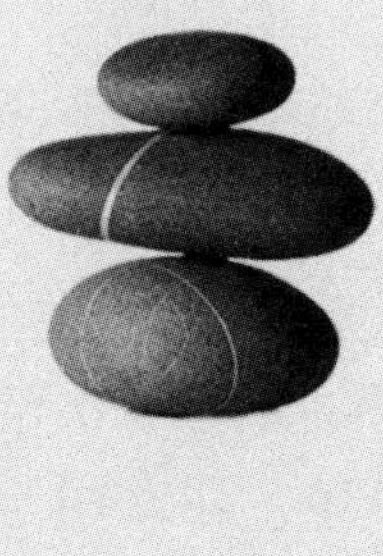

石油工业出版社

图书在版编目（CIP）数据

久久为功 / 谢卫东著 .

北京：石油工业出版社，2016.7

ISBN 978-7-5183-1267-2

Ⅰ . 久…

Ⅱ . 谢…

Ⅲ . 石油企业—工业企业管理—研究—中国

Ⅳ . F426.22

中国版本图书馆 CIP 数据核字（2016）第 092499 号

久久为功

谢卫东　著

出版发行：石油工业出版社

　　　　　（北京安定门外安华西里 2 区 1 号楼　100011）

网　　址：www.petropub.com

编辑部：（010）64523607

图书营销中心：（010）64523731　64523633

经　　销：全国新华书店

印　　刷：北京晨旭印刷厂

2016 年 7 月第 1 版 2016 年 7 月第 1 次印刷

710×1000 毫米　开本：1/16　印张：13.25

字数：265 千字

定价：38.00 元

（如发现印装质量问题，我社图书营销中心负责调换）

序言
PREFACE

适应新常态，要有新作为

谢卫东

久久为功，就是要有咬定青山不放松的定力，有持之以恒的毅力。

久久为功，是一个人获得事业成功的前提。历数成大事者，不唯有超世之才，亦必有坚忍不拔之志。人的一生，作为行动的哲学，成功需要勇气、胆量、机缘等，但孜孜以求、锲而不舍的坚持，也是不可缺少的条件。

王献之写完十八缸水，才成为与其父王羲之齐名的书法家；杨时"程门立雪"，才成为一代理学大家。

马克思的女儿燕妮曾问父亲成功靠的是什么，马克思回答说："目标始终如一。"杰出科学家路易斯·巴斯德曾对人说过自己达到目标的奥秘，"唯一的力量就是我的坚持精神"。

每个人都渴望成功。为成功而拼搏，就像奔向一个遥远的目标，但是道路从来都不会平坦，荆棘丛生，崎岖而漫长。加之，物欲的诱惑、功利的驱使、享乐的勾引，能不能抵抗得住？数载求索，十年寒窗，乃至一生都不被人待见，能不能承受得住？以至于，很多人退却了，半途而废；气馁了，前功尽弃；一曝十寒，只落得一事无成。眼巴巴看着那些持之以恒的人迈着坚定不移的步伐，义无反顾，终于沐浴到胜利的光辉，品尝到成功的喜悦，感慨道：如果我把某件事坚持做下去，也许已经获得成功，但遗憾的是后来精力用到别的地方了。因此，靡不有初，鲜克有终。人生最忌讳的一件事就是干什么事情都没有恒心，干一半就丢，一山看见一山高，三心二意，不能持之以恒，坚持到底。

久久为功，是中国革命和建设事业成功的基础。一个人的成功有赖于持之以恒的精神，革命和建设事业的成功和发展同样也有赖于百折不挠的精神。共产党人能不能打仗，新中国的成立已经说明：中国革命在中国共产党的领导下经过 28 年艰苦卓绝的斗争，终于取得了新民主主义革命的胜利。共产党人能不能搞建设搞发展，社会主义革命和建设事业的胜利也已经说明：新中国成立后经过几十年艰苦不懈的奋斗，尤其是改革开放以来，我们坚持抓住经济建设这个中心不放松、不动摇，创造了多项世界奇迹。未来，我们要实现全面建成小康社会、全面深化改革、全面依法治国、全面从严治党"四个全面"的战略布局，实现"两个一百年"奋斗目标，实现中华民族伟大复兴的"中国梦"。站在新起点，共产党人更是任重而道远。而能不能在日益复杂的国际国内环境下坚持住党的领导，坚持和发展中国特色社会主义，仍需共产党人继续用实际行动作答。相信只要我们继续发扬持之以恒、久久为功的精神，就必将走向更加光辉的明天。

久久为功，也是一个地方、部门和单位做好各项工作的重要前提。绳锯木断，水滴石穿。各项事业的长足发展，都离不开久久为功、驰而不息的精神。我们的事业是一个循序渐进、兴利除弊的艰辛过程，毕其功于一役是不现实的，只要奋斗目标符合最广大的人民利益，就要咬定青山不放松，一任接着一任干，持之以恒地干下去，披荆斩棘、百折不挠，才能事业有成。

适应新常态，要有新作为。进一步深化改革，是一场只有进行时没有完成时的远征。错综复杂的发展形势、日益多元的利益格局、不可得兼的两难问题，无不考验着改革者的意志，越是这个时候，就越要有坚忍不拔的意志，不为各种干扰所左右，千磨万击还坚劲，任尔东西南北风；越是要有习近平总书记所说的那种不慕虚名、久久为功的实干精神。这就需要我们的党员干部抛弃只顾眼前不谋长远的狭隘政绩观念，迎难而上，一任接着一任干，一步一个脚印，"前仆后继，甘于为总体成功牺牲"。同时，要在继承中创新，在落实中具体问题具体分析，实事求是，最终必将把党和人民的事业做大做强。

作风建设永远在路上。基础不牢，地动山摇。作风建设不是形象工程而是人心工程。社稷安危，人心向背。从中央出台"八项规定""老虎苍蝇一起打"，到提倡勤俭节约、反对铺张浪费、改革会风文风，党风政风面貌一变，广大群众耳目一新，党心民心更加凝聚。然而逆水行舟，一篙不可放缓；滴水穿石，一滴不可弃滞。加之，作风建设具有一定顽固性和反复性，抓一抓就好转，松一松就反弹。因此，我们切不可把改作风看成"一阵风"，时间久了，就想"歇歇脚""松口气"，"官老爷"架子又端起来了，官话套话空话又冒出来了，大吃大喝、铺张浪费又多起来了。对此，我们必须坚持执好纪、问好责、把好关，紧盯关键节点步步推进，一个"标"一个"标"地治理，"积小胜为大胜"，以解决突出问题带动作风的全面好转，以踏石留印、抓铁有痕的劲头抓下去。我们相信，只要按照习近平总书记关于"让全党全体人民来监督，让人民群众不断看到实实在在的成效和变化"的要求，推动作风建设常态化，步步为营、久久为功，就一定能够使党风政风更加清正廉洁，带动社风民风更加昂扬向上。

毛泽东同志曾说："世上无难事，只要肯登攀。"就是告诉我们干什么都要贵在坚持、不懈奋斗。习近平总书记强调，我们党员干部都要有这样一个意识："只要还有一家一户乃至一个人没有解决基本生活问题，我们就不能安之若素；只要群众对幸福生活的憧憬还没有变成现实，我们就要毫不懈怠团结带领群众一起奋斗。"有了这样的情感和境界，才能真正做到心里装着群众，凡事想着群众，以最真的心、最深的情、最大的力，解民之忧，排民之难，谋民之利，做人民群众的贴心人、主心骨和领路人。让我们拿出愚公移山、水滴石穿的韧劲，咬定青山不放松，一张蓝图干到底，以善作善成的实际成效为老百姓创造幸福，用改革发展的崭新答卷为明天铺就成功之路。

久久为功

目录
CONTENTS

| 第四章 | 忧患意识丢不得

| 第五章 | 坚定不移走己路

| 第六章 | 一切从实际出发

|第十章| 功成则不必在我

| 第一章 |
把群众放在心上

习近平总书记指出："作为国家领导人，人民把我放在这样的工作岗位上，我就要始终把人民放在心中最高的位置，牢记责任重于泰山，时刻把人民群众的安危冷暖放在心上，兢兢业业、夙夜在公，始终与人民心心相印、与人民同甘共苦、与人民团结奋斗。"始终把群众放在心中的最高位置，是共产党执政的最大"合法性"，是一代又一代领导人秉持得最一贯、践行得最坚决的大原则，是领导干部应该遵循的执政理念的核心思想。

不忘初心：为了谁？依靠谁？我是谁？

不忘初心，方得始终。2014年10月，全军政治工作会议召开时，习近平总书记给大家留下一道思考题："我们当初是从哪里出发的？为什么出发的？"

如同"我们从哪里来，我们到哪里去"是宇宙科学的重大命题一样，"我们当初是从哪里出发的？为什么出发的？"同样是一个重要的命题。不搞清楚这个问题，不单涉及发展，也涉及信仰、理想、责任、担当，以及"依法治国"目标的实现。因而对党员干部尤其是领导干部来说，这是十分重要、亟须思考并必须明确做出回答的问题。

毛泽东同志说："我们的共产党和共产党所领导的八路军、新四军，是革命的队伍。我们这个队伍完全是为着解放人民的，是彻底地为人民的利益工作的。"

党章明确规定，全心全意为人民服务是党的根本宗旨，是我们党一切活动的出发点和归宿，也是对所有共产党员的基本要求。全心全意为人民服务，这应该看成是我们革命出发的"原点"，也是为什么"出发"的原因。

侯祥麟，曾任中国科学院和中国工程院资深院士、石油工业部副部长、中国石油学会理事长。是我国炼油与石化科技事业的奠基人。

1924年，侯祥麟在上海读中学的时候，见到黄浦江边外滩公园门口却挂着一块牌子，写着：华人与狗不得入内。这一情景深深刺痛了少年侯祥麟的心。

大学期间，侯祥麟大量阅读了马列著作，《资本论》《反杜林论》都曾让他彻夜不眠，他说："我完全被吸引住了。我信仰马列主义首先是从理论上接受的，我经过多年上下求索，终于找到了真理。"

1938 年 4 月，在硝烟弥漫的抗日烽火中，侯祥麟在长沙加入了中国共产党。

1945 年，侯祥麟赴美国留学，在卡内基理工学院读研究生，到 1948 年先后获得硕士、博士学位。1949 年初，他来到波士顿，在麻省理工学院任副研究员，进行涡流床煤炭气化研究工作。

1950 年，毅然放弃国外优越的环境，投身到新中国的建设中，自此，"侯祥麟"三个字已经融入了中国石油的发展史，镌刻在共和国的光辉史册上。

1956 年，受周总理委托，侯祥麟与其他 600 名科学家一起为我国 1956 年至 1967 年科学技术发展进行规划，那是新中国科技事业奠基性工程。作为石油项目的完成者之一，侯祥麟受到毛泽东、刘少奇、周恩来等中央领导的接见。也是从那时开始，侯祥麟带领着我国第一批石油化工科研人员，研究开发出"五朵金花"炼油新技术和"两弹一星"所需的一系列特殊油品，开发完成了航空煤油等 100 多种军需油品，成功突破了 5 项当时最重要的炼油新技术，使中国的炼油能力在当时接近了世界的先进水平。

2003 年 5 月，侯祥麟受温家宝总理的委托，以 91 岁的高龄，主持启动了"中国可持续发展油气资源战略研究"。侯祥麟组织了 30 位院士、86 名学者，组成 7 个专题组，进行艰苦调研。2004 年 6 月，老伴李秀珍不幸与世长辞，很多人都为他担心，但是一个多月后，这位坚强的老人从悲伤中重新站了起来，再次投入"中国可持续发展油气资源"重大课题的后续研究中。一年多的时间里，他们科学分析了我国和世界油气资源的现状及供需发展趋势，提出了我国油气可持续发展的总体战略、指导原则、措施和政策建议，为中央决策提供了重要依据。

因病医治无效，侯祥麟于 2008 年 12 月 8 日在北京逝世，享年 96 岁。回望侯祥麟的一生，正是因为他始终坚持理想信念，不忘初心，持之以恒，才取得了巨大的成就，迎来属于自己的掌声和鲜花。

虽然我们党在每一个历史阶段的工作任务有所不同，为人民服务的内容和方式也有所不同，但党的根本宗旨没有变，也不能变。只有牢记党的宗旨，立党才能立得牢；只有宗旨立得牢，执政才能执得好。可惜，为人民服务，现在很多人都对此不以为然。特别是在市场经济条件下，一些人淡忘了出发的地点和出发的原因，甚至走向另外的方向。现实中，这些人因为走得太远，而经常忘了从哪里来，为什么来。忘了当初参加革命为了什么？现在应该做些什么？为将来留点什么？少数党员干部在金钱、官位、名利的诱惑下，放弃了对世界观的改造，放松了对自身的要求，出现了"只讲实惠，不讲理想；只讲索取，不讲奉献；只讲钱财，不讲原则"等现象，其结果是自食苦果。

2015 年 5 月，深圳市市委原常委、政法委书记蒋尊玉被开除党籍、开除公职，收缴其违纪所得。在办案人员对其住所进行搜查时发现，蒋尊玉家里书柜摆放的不是书籍，而全是名贵的烟酒、玉器、古董、字画，等等，放在床头的唯一一本书刊还是"少儿不宜"的读本，甚至还布置了一间佛堂供奉着十几尊佛像，令人惊讶之余也引人唏嘘。

本来，共产党员是无神论者。无神论，不等于没有信仰。《中国共产党章程》明确写道："党的最高理想和最终目标是实现共产主义。"也就是说，共产党员的信仰应该是共产主义，应该融化于"为人民服务"这五个大字之中。然而，蒋尊玉等一系列贪官，却早就忘了当初的誓词，背离了应有的信仰，放弃了为人民服务的根本宗旨，而是利用各种机会，为自己的利益服务时，他的信仰就崩溃了，"初心"不再崇高，内心随之空虚。为了填充这个心灵的空虚，他们只能走上烧香拜佛、求助于虚无缥缈的神灵来保佑他们的荒唐道路。

荒废了读书学习，抛弃了党性修养，心智就会紊乱，思想就会抛锚，行动就会迷失正确的方向，原本可以成功的人生就会走上不归路。

不忘初心，方能致远。然而，当他们走上了一定的位置、手握一定的权力、外部诱惑增多之后，逐渐忘记了"初心"，理想不坚定了、信念动摇了、内心失衡了、人生观价值观扭曲了，在外因的诱导下看似偶然实则必然地滑向了违纪违法之路。

新的历史时期，党风问题更是关系人心向背、关乎党的生死存亡，是一场输不起的斗争，一旦出现反弹，后果不堪设想。从这点出发，我们每一位举手宣誓入党的党员，都应该经常想一想：为了谁——必须始终贯彻为人民服务的宗旨，坚持人民的利益高于一切；依靠谁——要坚持问政于民、问需于民、问计于民，把政治智慧的增长、执政本领的增强、领导艺术的提高深深扎根于人民群众的实践沃土中，从人民群众中汲取营养和力量；我是谁——我是人民的公仆，是人民的儿子，是人民的一员。牢记我们当初是从哪里出发的、为什么出发的，接受思想的洗礼。

谁把人民放在心上，人民就把他放在台上

群众在党员干部心里有多重，党员干部在群众心里就有多重。许多党员干部经常感叹时代变了、群众工作不好做，真是这样的吗？实际上，这一切都因为没有用心去倾听群众心声、没有以情感人、没有真正为民的情怀。古人云："善治必达情，达情必近人。"人民群众是共产党的"本"，作

为一个党员干部，要有一颗善解人意的心，要有一份心怀民众的情怀，心系群众，为民造福，把群众当亲人。一句关切的问候、一个真诚的微笑、一次俯耳的倾听，都会有所获，获得工作的方向与动力，获得人民群众的信任与爱戴，增添和谐的正能量。

"为民书记"郑培民，1990 年 5 月从湘潭调到了湘西土家族苗族自治州，担任州委书记。当时的湘西，由于历史和自然条件的原因，是湖南省14 个市州中唯一的少数民族边远贫困地区，还有 150 多万人生活在贫困线以下。不少人认为，郑培民从湘潭调往湘西，简直就是"从米箩里跳到了糠箩里"。然而，他二话没说就接受了组织的安排。"为湘西的治穷脱贫工作是自己三生有幸！"郑培民就是抱着这样的信念来到了湘西。

刚到湘西，郑培民就爬了 22 公里的陡峭山路，到了有名的干旱贫困村叭任村，他挨家挨户地察看、座谈，这里百姓们缺衣少粮、缺水无电、缺医少药……这一切深深刺痛了他的心。

在湘西任职期间，郑培民经常下基层，深入一线，有时甚至遇到了生命危险。一次，永顺县小溪乡山体滑坡，群众受灾严重，他急在心头，连忙赶去现场查看。因为这个乡不通车，他就绕道吉首、古丈两个市县，坐3 个小时的机帆船，然后转乘手扶拖拉机，在狭窄湿滑的简易公路上颠簸。突然，一块大石头从山坡上滚下来，刚好砸在拖拉机前面的泥路上。大家惊出一身冷汗，都劝他："郑书记，我们回去吧。"郑培民坚定地说："不行，就是走路我也要去。"大家拗不过他，合力把石头推开，又继续前进。

还有一次，郑培民带头推广水稻栽培新技术，带领农技人员给农民进行示范操作，连续参加田间劳动一个多星期。由于这是一项弯腰半蹲在田中豆腐块大小方格内插秧苗的累活，他又患有高血压等疾病，一天下午终因劳累过度，头晕目眩，摔到了 3 米多高的田坎下，全身受伤，当场出现呕吐、虚脱，并造成了脑震荡。

郑培民就是这样，完全不顾个人安危，在两年多的时间里跑遍了全州的 218 个乡镇、上千个村寨。在湘西的方言里，"培民"与"为民"的发音相近，不少干部群众干脆就叫他"为民书记"。

全国优秀县委书记、安徽省广德县委书记吴爱国，把发展的任务始终扛在肩上，把老百姓的冷暖挂在心上，把对党忠诚、个人干净、敢于担当始终落实到行动上，交出一份经得起实践、群众和历史检验的成绩单。吴爱国在工作中始终坚持"三个导向"。一是始终坚持公心为民的行动导向。在权力制约的"关键点"，力推用制度管人管事。他推行工程建设项目领导牵头负责、部门分工实施、纪检监察全程跟踪的"三位一体"模式，并成立了公共资源交易监管局，政府投资项目全部通过招投标公开发包，保证了公共财政资金的合理使用，杜绝了暗箱操作。吴爱国还积极推动农村小微权力规范体系建立。广德县梳理出了28项村级组织和村干部权力清单，促进了村务工作的规范化。对村民十分关注的水电路项目安排问题，吴爱国征询基层意见，探索出了村级事务竞争机制，各村民组自行申报急需建设的工程，村民代表对其进行审议，按照轻重缓急排序，争取到项目后依次实施，不再由个人拍板。二是始终坚持民意为重的评价导向。人民群众对政绩的感受最真切、评判最公正，要想赢得"好口碑"，就要把民意标准贯穿到决策谋划、实施、见效的全过程和各方面。为了解群众的想法和诉求，吴爱国力推"村组干部季度例会"制度，畅通县乡村组议事渠道；打造了"温暖星期一"联系群众品牌，每周一乡镇副职和包村干部到联系的村，分别带一名村干部到联系的片组，了解社情民意、化解矛盾纠纷。在广德的五年间，他不仅跑遍全县所有行政村，入户蹲点，还要求所有干部都沉下去，真正得到了群众的认可。三是始终坚持发展为民的价值导向。广德县一直都以农业为主，是欠发达、欠开发的"洼地"。但是近几年，在"工业强县、生态立县"的发展战略指引下，经过不懈努力，集中打造两个省级开发区和两个特色工业园，重点培育了机械、电子两大主导产业。园区集聚了一批上市或高新企业，主导产业产值2014年突破80亿元，广德新增规模以上企业135家，连续多年位于全省县域经济发展前列。

通过以上模范人物的先进事迹，我们深切感受到党员干部与群众的

"血肉联系"，真的不能是停留在嘴上，"鱼水情深"不是说出来的，是做出来的。服务群众必须经常同群众坐到一条板凳上，动真情、办实事，始终以百姓之心为心，拿群众的事当事。凡是涉及群众安危冷暖的，都要时刻放在心头上，只有坚持人民主体地位，及时准确地了解群众所思、所盼、所忧、所急，才能把群众工作做实、做深、做细、做透。只有把党和人民的事业放在心上，把群众放在心上，党和人民才能把你放在台上。

小康不小康，关键看老乡

2013 年 4 月，习近平总书记在海南调研时用"小康不小康，关键看老乡"的通俗语言做出了重要指示，画龙点睛地说出了"三农"工作对全面建成小康社会的意义。

翻看历史，只有把握了农村，理解了农民，才能真正读懂中国。处在社会转型的历史节点上，用建成全面小康、实现中国梦的视野来看农村、看老乡，尤需看到问题，看到出路。

历史的和现实的实践都已经充分说明，农民依靠自己的智慧，不仅帮助共产党打下了天下，而且也帮共产党坐稳了天下。在我党的成长发展史中，有两句话对此进行了最深刻的诠释。

第一句话，延安革命根据地政权"是陕北人民用小米哺育出来的"。在延安时期，我们党搞了"三三制"的民主政权，群众用丢豆子、打结这些很原始的办法来进行民主选举，使老百姓真正感觉到了自己在当家做主。

在大灾荒和受封锁的情况下，部队和老百姓吃饭、穿衣都成问题，我们又搞了"大生产运动"，自己动手，丰衣足食，不与百姓争粮还让解放区的老百姓得到了实惠，也使广大军民有了自己的供给。因此，陕北人民把革命政权看成是自己的政权，看到共产党是真正地为老百姓办事的，才会用自己都不够吃的"小米"去哺育革命政权，使我们党在极端困难的条件生存下来了，为抗战的胜利打下了基础。

第二句话，淮海战役"是沂蒙人民用独轮小车推出来的"。在淮海战役的时候，国民党的正规部队是美式装备、机械化部队，从兵力、装备和实力各方面，都比当时的解放军要强大，但"三大战役"的结局是国民党的部队全部被打败了，为什么？就因为解放军有人民支持，群众用独轮车都把战争推赢了，它的坦克也好，装甲车也好，美式装备也好，最后在人民的汪洋大海中失去了作用。据统计，在淮海战役中，有597万民工活跃在各个战场，随军作战的常备民工达一百余万人，每一个解放军战士就有10个民工支持。我们依靠的正是群众路线这个法宝。人民群众不仅和战士一起上前线、干革命，更为难能可贵的是，人民群众真正把战士视为自己的亲人。

建国六十多年来，我们所取得的巨大成就背后，都是广大农民在背后默默地进行无私的奉献。

当年，小岗村18个红手印，开启了一个火热的年代，大包干成为改革开放的先声，拉开了改革的大幕，农村经济发展也因此焕发出巨大的能量。农村经济的迅速发展，不仅解决了农民的温饱问题，更为城市工业的发展提供了物质基础。没有农民的无私奉献，中国的城市发展就如同强弩之末，没有发展后劲。没有农民提供大量的廉价资源，城市工业没有办法进行；没有农村以及农民的消费，工业产品就没有销路。离开农民，城市不要说发展，生存都是问题。

尤其是改革开放以来，为了支援城市建设，在提供大量物力支持的同时，千千万万的农民工大军像候鸟一样在城市和农村之间来回迁徙。如果没有农民工的辛勤劳作，城市就不会有高楼大厦、不会有整洁的市容、不会有美丽的花园，更不会有中国经济的腾飞。

农民是这个社会发展的无名英雄，但是他们却不能享受英雄的待遇。新中国成立以来，特别是改革开放以来，城乡居民收入快速提高，生活发生了翻天覆地的变化。但总体来看，农民收入和生活水平仍然明显偏低。尤其是城乡收入差距仍然存在逐步加大的趋势，巨大的城乡发展差距，严重制约了农村经济的发展，更伤害了农民的利益和感情。

"木桶原理"告诉我们，盛水量多少取决于那块最短的板子。没有农村的小康，没有农民的小康，就没有全面建成小康社会。"既要鼓口袋，也要富脑袋""既要进得城，更要当市民"，在今天，复杂的问题在于补足"三农"这个现代化短板。十八大报告指出，全面建成小康社会，基础在农业，难点在农村，关键在农民。"三农"不稳，天下难"安"；"老乡"不富，小康难"全"。解决好农业农村农民问题是全党工作的重中之重。

"小康不小康，关键看老乡。"习近平总书记多次讲过这句生动而深刻的话，就是希望全党同志看到全面小康的重点和难点所在，懂得没有农村的小康就没有全国的小康这个道理。在全面建设小康社会、努力实现伟大中国梦的历史征途中，在迈向现代化的进程中，农村不能掉队。在同心共筑中国梦的进程中，不能没有7亿农民的梦想构筑。不能少了广大"老乡"的身影，不能忽视他们最基本的利益诉求。"中国要强，农业必须强；中国要美，农村必须美；中国要富，农民必须富。"这样的铿锵语句中，彰显的是实现"两个百年"目标、实现中国梦的"三农"诉求，蕴含的是中央解决好"三农"问题的坚定决心和坚强意志。

小康是老乡的小康，不是政府的小康。它不单单是高速公路宽阔了，高楼大厦增多了；不单单是修几条路，打了几眼井，安装了几个路灯。老乡们追求的小康应该是：在吃好穿好的同时，更要居住好，还要交通更方便，业余生活更多彩，生活环境更美丽。

今天，唯有着眼全国发展大局解决制约农村发展的长远问题，全面深化农村改革、加快推进农业现代化,使农业基础稳固,农村和谐稳定,农民安居乐业,整个大局才有保障,各项工作才会比较主动。

全心全意为人民服务,容不下半点敷衍,来不得一丝马虎。当前,处在全面深化改革的关键时期,我们同样要尊重和激发7亿农民的首创精神,为农村经济社会发展注入强大动力。从现在起距离全面小康目标,只有5年左右的时间。时不我待,任务繁重。特别是在全面推进工业化、信息化、城镇化、农业现代化的"四化同步"战略中,绝不能让"老乡"们缺位,"老乡"的感受不能忽视,更不能以各种各样的名义剥夺"老乡"们的正当权益。在制定并实施政策前,多拍拍胸脯问自己一句,这样的政策、这么做,"老乡"们是满意还是不满意?只有心中有"老乡",心中装着最朴素最勤劳的广大农民群众,"老乡"的心中才能给我们留下空间。

为此,我们的党员干部一定要把改善民生作为首要任务,多关心百姓的家庭、多操心百姓的收入、多察看百姓的日子,按照习近平总书记要求的"抓民生要抓住人民最关心最直接最现实的利益问题,抓住最需要关心的人群",而不能为了追求GDP和个人政绩,来牺牲环境和广大人民群众以及子孙后代的利益,齐心协力把农村建设好,争取让"老乡"们都早日过上小康生活。

群众满意，党就满意

党的最高价值取向是坚持全心全意为人民服务的宗旨，最高价值标准是实现人民的利益，得到广大人民群众的拥护。历史证明，人民群众的支持是党取得胜利的力量和源泉。实现民族复兴，只有紧紧地依靠人民群众，诚心诚意地为人民谋利益，才可以使梦想变成现实。

"当官不为民做主，不如回家卖红薯。"这是戏曲里一个七品芝麻官说的话。作为官，服务的不是权贵，而是人民。人民满意，官员才称职。

棚户区改造是我国政府为改造城镇危旧住房、改善困难家庭住房条件而推出的一项民心工程。近年来，棚户区改造工作受到了党和政府的高度重视，诸多资源型城市相继开展了以政府为主导的多种形式的棚户区改造工作并初见成效，许多群众实现了盼望多年的住房改善梦，陆续住进了新房。

辽宁省北票市是一座典型的因煤而立的资源型城市，煤田面积63平方公里。从1875年至2001年，煤炭开采有126年的历史。由于经历了清朝民间、英国人、伪满、国民党时期和新中国成立后的长期开采，致使煤田形成了大面积的地下采空区，造成了大面积地表沉陷。但是，地表上是棚户区，里面住着几万矿工。

这些煤矿棚户区房屋最早建于20世纪20年代，由英国人建造；到了三四十年代，日本人又建造了大量的劳工房；新中国成立前夕，国民党建造了部分简易房；大部分棚户房，是新中国成立初期至五六十年代由矿山企业建设的简易住房和煤矿工人自建的土石房、偏厦房，房屋建筑面积小，建筑密度大，人均住房建筑面积不足 9 平方米，许多住户是三世同堂甚至是四世同堂。砖木结构、竹木结构的房屋所占比例高达 90%，并且在经历了几十年甚至近百年后，实际上已成为危房；供水设施陈旧老化，吃水难以及垃圾污染等问题十分突出，特别是防空洞纵横交错遍布棚户区内，一到雨季坍塌现象时有发生……

从 2005 年开始，北票市开始连续对棚户区进行了改造。为把棚户区改造工程建成经得起历史、实践和人民检验的精品工程、样板工程和放心工程，北票市委、市政府采取了一系列强有力的措施。从一开始就加强宣传、统一思想，使干部群众充分认识到棚户区改造项目是一项利国利民的惠民工程，关系到人心的向背，关系到党和政府在群众心中的形象，关系到党的执政基础。为了做好这项工作，市委、市政府精心安排，周密部署，多方协调，调动方方面面的力量，建立健全了工作体系。在领导组织方面，成立了以市委书记、市长为双领导制的棚户区改造领导小组，常务市长亲自抓，现场调度，现场办公，解决实际问题。抽调 300 余名干部组成工作组，确保拆迁补偿工作有序推进。建立监督考核机制，定期督促检查，认真实行责任追究。在工程建设方面，严把质量关，建设优质工程。加大了对工程建设的管理力度，落实了严格、严厉、步步落实的监管责任，对所有进场材料严把质量关，实行严格检测，发现不合格产品一律清理出场，确保这项百年大计的民心工程优质、高效、顺利实施。在搬迁安置方面，实行了"八公开"：补偿安置标准公开、有照房面积公开、自建房安置名单公开、回迁安置方案公开、评估标准公开、产权界定公开、低保户名单公开、签协议及搬迁顺序号公开，确保公平、公正。为了保障棚户区居民的利益，对住宅楼户型进行了人性化设计，使居民都能够住到满意的户型。同时采取先建设，后搬迁和异地新建方式，在新建工程竣工验收合格后，让棚户区居民直接搬入新居，然后再拆除旧房，有效缓解了居民临时租房难的问题，免去多次租房搬家之苦。由于实行阳光操作，棚户区动迁居民没有一户因为贫困而未能住进新楼房，也没有一户因为分配不公而上访……在资金管理方面，通过政府补贴、银行贷款、居民个人出资、土地出让金减免、税费减免、商业用房开发等多种办法，解决了资金缺口。实行财务支出公开制度，保证工程资金使用的阳光操作，从而提高了工程建设资金的使用效果。

目前，北票市共改造棚户区面积228.06万平方米，新建面积328.3万平方米，安置居民4.8万户。通过改造，昔日破烂不堪、拥挤污臭的棚户区变成了绿树成荫、设施齐全的现代化小区。棚户区改造大大提高了城市的文明程度，促进了社会和谐……

棚户区改造带来的巨大变化，使世代蛰居、繁衍在棚户区里的人们，品尝到了改革开放的甘甜。一些老工人搬进新楼房后感慨地说："我们一生中经历了两件大事。第一次是土改，我们分得了土地，当家做了主人；第二次是棚改，我们享受到了改革开放的成果，住进了宽敞明亮的新楼房。我们打心眼里感谢党和政府，拥护改革开放的好政策。"

北票市的棚改实践表明，发展是人民群众的根本利益所在。只有通过发展，才能使历史遗留问题最终得到解决，才能使改革开放的成果惠及全体人民。棚户区改造的成就昭示我们，发展的目的不是发展本身，而是为了实现好、维护好、发展好最广大人民的根本利益。在推进发展过程中，必须坚持以人为本，坚持发展为了人民，发展依靠人民，发展的成果由人民共享，不断让人民群众得到实实在在的利益。

人民群众活得出彩，才会为你喝彩

习近平总书记在十八届中央政治局第一次集体学习时强调，我们要适应新形势下群众工作新特点、新要求，深入做好组织群众、宣传群众、教育群众、服务群众的工作，虚心向群众学习，诚心接受群众监督，始终植根人民、造福人民，始终保持党同人民群众的血肉联系，始终与人民心连心、同呼吸、共命运。得民心者得天下，这个真理人尽皆知。如果脱离了群众，丢掉了密切联系群众这个法宝，就会失去人民的拥护和支持，最终也会走向衰败。

只有牢牢地坚持群众路线，坚持一切从人民根本利益出发，与人民心心相印、与人民同甘共苦、与人民团结奋斗，我们的工作、党和人民的事业，才会无往而不胜。

"中国第一钢村"张家港市永联村，是闻名全国的经济强村，全村总资产达 40 亿元。长期以来，以吴栋材为书记的村党委一班人，重谋划，善落实，坚持走"以钢兴村、以钢强村"的发展道路，大力发展村级经济，造福一方群众。

在新农村建设中，吴栋材给永联村谋划的布局是着重解决好"五化"的问题：一是居住方式城镇化。建设起了总投资 15 亿元、可入住 4500 户居民的"钢村嘉园"。二是生活方式社区化。投资 6000 万元建设社区服务中心、文化活动广场，强化社区服务功能，提高服务层次。设立"文明家庭奖",每年拿出1000万元作为精神文明建设奖金,引导村民提高"文明素质"和享受现代生活。三是生产方式产业化。将全村土地流转到苗木公司统一经营,使村民就地转化为农业产业工人,拿工资,享受"土地分红"。四是组织方式自治化。按社区管理体制,设立园区、楼道,并选举产生园区长、楼道长,实施民主管理。五是收入方式多元化。村里面老年人、老党员、在校学生、享有农保和社保的人员可获得福利性收入,少数困难村民家庭则可从"惠民基金"获得救济性收入。以上"五化"的实现,使永联成为一座既不同于城市,又有别于农村的气象一新的"农城"。如今的永联已是苏南最大最富裕的村之一,全村总资产达40亿元,并荣获了"江苏省文明村""江苏省百佳生态村""全国创建文明村镇工作先进单位"等荣誉称号。

凌源刘杖子乡是地处河北省与辽宁省交界处的一个以农业生产为主的小乡镇,近几年却闻名遐迩,原因就是该乡党委、政府一班人矢志不渝抓葡萄产业,实现了产业富农、旅游兴乡。

位于辽宁省西南部的刘杖子乡,光照充足,气候适宜,水质优良,土壤富含硒等有机质,所生产的鲜食葡萄具有较高的品质,是国内专家公认的鲜食葡萄发展适宜区。

几年来,刘杖子乡不断加大"大美葡乡"打造力度,他们依托青龙河川葡萄专业合作社、葡萄专业协会,发挥乡农业站的科技优势,抓好千亩葡萄生产示范基地建设,对全乡田、水、电、路进行了统一规划,建成了高标准农田,引进新技术、新品种和新种植模式,推动全乡葡萄产业的快速发展。他们全力抓好科技示范村建设,选择东房申村为葡萄产业科技示范村,全面推广葡萄标准化栽培规程,加强生态技术知识培训,实现了当地农民由劳作型到技术型、产品由大众型向精品型的转变。房申村种植的精品"巨峰"葡萄,每串确保不超过50粒,每株定为6串,按照这样的标准生产出来的葡萄,个头更大,皮儿更有韧性,还能用来做菜,价格更贵,更好销售。他们还建立了一批科技示范户,以科技培训为先导,以技术人员"联大户、增效益"活动为载体，推广先进栽培技术，培养有文化、懂技术、善经营、会管理的农村科技骨干，带动千家万户推动效益农业的发展。

目前，刘杖子乡15000亩土地中葡萄种植面积就达5000多亩，葡萄品种20余个，产量近1万吨，年产值近1亿元，带动农民户均增收4000余元。因葡萄而富，让农民实实在在尝到了发展葡萄产业带来的甜头。

近两年，刘杖子乡又以葡萄园产业升级、标准化示范园建设、农家乐推介为着力点，推动葡萄生产、生态建设、旅游文化品牌建设实现有机融合，成功进入"全国一村一品示范村镇"行列。修建大规模葡萄冬贮基地，错峰供应市场，为农民带来良好的经济收益。天呈葡萄山庄、都氏葡萄庄园、合旭庄园、葡萄主题公园等一批以葡萄产业为主题的生态旅游观光景点，有力地促进了农业生产、乡村旅游、美丽乡村建设的融合发展，成为农民致富、产业发展和生态建设合力推进、和谐发展的典范。

经过几年的发展，刘杖子被辽宁省政府命名为"优质葡萄生产基地""葡萄之乡"。该乡生产的溜圆牌葡萄连续三年荣获省农博会金奖，被评为省著名商标，特别是巨峰葡萄，被中国绿色食品发展中心认定为A级绿色食品。乡里连续两年成功举办葡萄节，中央电视台乡村大世界节目的宣传报道，使刘杖子乡以及葡萄产业声名远扬，美誉如潮。

无论是以工业闻名的"中国第一钢村"，还是以农业富民的"葡萄之乡"，都在于当地党委和政府一班人，尤其是主要领导干部用实际行动，诠释了习近平总书记强调的严以修身、严以用权、严以律己，谋事要实、创业要实、做人要实"三严三实"的要求，以及"忠诚、干净、担当"的要求，展示了共产党人的为政之要、为事之基、为人之本，成为各级党委政府党员干部学习的楷模。

当前，经济发展进入新常态，党员干部更要有新状态，创造性地开展工作，努力在推进"四个全面"中创造振兴发展新业绩。为民务实，才能造福群众、赢得拥护。只有让群众活得出彩，真正让群众获得实惠、取得发展，日子越来越好，群众才会为你喝彩。为民情怀不是一句空话，其中不仅要投入真情实感，更要拿出实打实的行动。只有你把群众放在心里，群众才会把你看在眼里。

夙夜在公，百姓谁不爱好官

郡县治则天下治。习近平总书记曾要求县委书记"始终做到心中有党、心中有民、心中有责、心中有戒"。"四有"，涵盖政治使命、社会责任、岗位职责和谨言慎行；四句话、十六字，构成一幅优秀县委书记的"标准像"，对于为政一方的主官，可谓振聋发聩、启智明德。

据公开报道资料，习近平同志曾点名称赞多位"四有"县委书记。

焦裕禄，不求"官"有多大，但求无愧于民。习近平不止一次提倡并要求党员干部向优秀县委书记焦裕禄学习，他指出，做县委书记就要做焦裕禄式的县委书记，始终做到心中有党、心中有民、心中有责、心中有戒。

1962年冬天，焦裕禄来到了兰考任县委书记。那一年由于受到风沙、盐碱、内涝等严重自然灾害，兰考县粮食产量下降到历史最低水平，大量的农民外出逃荒要饭。临危受命，饱受肝病痛苦折磨的焦裕禄，依然以顽强的意志忍受着剧痛，日夜坚持工作。他带领群众栽泡桐树治盐碱，堵沙口治风灾，直到献出了自己的生命。焦裕禄同志一心为公，一心为民，唯独没有自己。焦裕禄同志在那样困难的条件下，不允许自己和家人搞特殊化，他严格要求一切，他的行为在今天来讲仍然是干部廉洁自律的楷模。

1990年7月15日，时任中共福州市委书记的习近平于1990年7月15日做了一首词，题为《念奴娇·追思焦裕禄》。在这首诗里，"百姓谁不爱好官？把泪焦桐成雨""为官一任，造福一方，遂了平生意"等不胫而走的铿锵词句，真切表达了对焦裕禄精神的深情赞颂以及总书记自己爱民为民、责任担当的感人情怀。2014年3月习近平总书记重访兰考，有感于焦裕禄为人民服务的精神，重诵此词，深情地谈道："虽然焦裕禄离开我们50年了，但焦裕禄精神是永恒的。"

王伯祥，在担任寿光县委书记期间，以造福一方百姓为己任，立足寿光种植蔬菜的传统优势，大力发展寿光蔬菜批发市场，全力扶持寿光冬暖式蔬菜大棚试验和推广，掀起了一场改变农民群众命运和改写农业历史的"绿色革命"。创建了全国闻名、江北最大的蔬菜批发市场，为寿光经济发展奠定了基础。连续三年组织20万劳力上阵开发寿北，把占全县总面积60%的不毛之地，硬是变成了全县的"粮仓"和"银山"。后来在他担任潍坊市副市长、市长期间，推动了潍坊市的农业产业化和工业股份制改造以及个体私营经济的发展，为潍坊的经济繁荣贡献了力量。

2010年12月31日，王伯祥同志先进事迹报告会举行。习近平同志会见王伯祥同志和报告团成员时指出，王伯祥同志是新时期县委书记的榜样，并要求进一步加强干部队伍建设，着力造就高素质县委书记队伍。

习近平总书记还多次提到过谷文昌，在一篇题为《"潜绩"与"显绩"》的文章中，称赞他"在老百姓心中树起了一座不朽的丰碑"。20世纪50—60年代，谷文昌任福建东山县委书记，在几十年的革命生涯中，他牢记党的宗旨，一心为民，艰苦奋斗，廉洁奉公，为党和人民的事业贡献了毕生心血和全部忠诚。特别是在东山县任职的14年间，他团结县委一班人，带领全县军民与恶劣的自然环境做斗争，经过艰苦努力，成功治理了风沙灾害，绿化了全县400多座山头、3万多亩沙滩，筑起了30多公里长的沿海"绿色长城"，从根本上改变了当地恶劣的自然环境和贫穷落后的面貌，为海岛的经济建设和社会发展打下了坚实基础。2015年1月，与全国200多位县委书记座谈时，习总书记又一次深情地谈起谷文昌。

习总书记与"县委书记"一职深有渊源，对县委书记岗位之重要、责任之重大，有着切身感受和独到见解。在河北正定任县委书记的日子里，他一心为民，提出一整套兴县战略，办了很多实事好事。"当县委书记一定要跑遍所有的村，当市委书记一定要跑遍所有的乡镇，当省委书记一定要跑遍所有的县市区。"这是习近平总书记对自己的要求。在正定，他跑遍了所有村；在宁德3个月，他就走遍了9个县；在浙江1年多的时间，他跑遍了全省90个县市区；在上海7个月任职经历，他就跑遍了全市19个区县；到中央工作后，他的足迹已遍及31个省区市。

各级党员干部一定切记：常为者常成，常行者常至。时刻保持正确的方向，保证充足的动力，只有自觉抵制前进路上的干扰、诱惑，才能顺利迈向中国梦目标。

| 第二章 |
稳中求进步子稳

习近平总书记指出，"像我们这样一个大国，在大的问题上不能出现颠覆性错误""方向一定要准，行驶一定要稳，尤其是不能出现颠覆性错误"。"中国改革经过了 30 多年，已进入深水区，可以说，容易的、皆大欢喜的改革已经完成了，好吃的肉都已经吃掉了，剩下的都是难啃的硬骨头。这就要求我们胆子要大，步子要稳。""蹄疾而步稳"是领导干部应该遵循的执政理念的重要思想。

战略上勇于进取，战术上稳扎稳打

当前进一步深化改革更需要勇气，必须在战略上勇于进取，步子不快、动力不足，难以闯过激流险滩，不进则退；在战术上稳扎稳打，步子不稳、后劲乏力，改革就会打乱节奏、失去章法，甚至出现大的颠簸。

奇迹往往隐没于平凡之中，能够做事的机会也有很多。但机会稍纵即逝，就看你有没有去抓住的勇气。如果抓住了，那么结果可能非同凡响。

有一个故事说一个信奉上帝的人被大水困住，这时过来一艘小船，船上的人说："你上来吧，我们一起走。"那个人说："我要等上帝来救我。"过了一会儿，来了一艘大船，他还是不走，说等上帝来救他，最后来了架直升机，他依然固执地认定上帝会来救他。最后，上帝没有来，他也呜呼哀哉。恼羞成怒之余，他去天堂责备上帝："为什么我那么虔诚，可是在我的生命遇到危险的时候你为何不来救我？"上帝笑着说："我怎么没救你？我派了一艘小船、一艘大船和一架直升机去救你，可是你都放弃了，难道怪我吗？"

其实，这样的例子现实生活之中有很多，有时机会就在身边，可是你不去抓、懒得去抓，难道还抱怨没有机会吗？一个人能够抓住机会，对于一项事业的成功举足轻重，因此，我们必须不断培养自己的洞察力，善于发现机会，勇于抓住机会。

"万无一失，谁敢说这样的话？"邓小平同志当年这句话，不知鼓励了多少人。党的十一届三中全会开启改革之路的时候，改革就像是一条没有人走过的陌生河流。要过好这条河，需要大胆地下水，大胆地摸石头，试试水的深浅，探探路的好歹，要的就是一股勇气。

1991年2月，邓小平同志在上海听取浦东开发规划汇报时说："希望上海人民思想更解放一点，胆子更大一点，步子更快一点。"此后，他再次提到，"改革开放胆子要大一些""看准了的，就大胆地试，大胆地闯"。

"胆子要大一些"，说的是改革的勇气和胆魄。遥想当年，若不大胆尝试，已经推进的改革就可能功败垂成。不闯不试，中国就不可能有后来的大变样、今天的新局面。

现在，经济发展了，日子好过了，还要不要大胆闯、大胆试？毋庸讳言，与三十多年前的改革相比，今天全面深化改革面临着更多难题，无论经济转型升级，还是政府职能转变，改革的艰巨性、复杂性前所未有，不仅没有现成的路可走，而且涉及重大利益关系调整，涉及各方面体制机制完善，有待解决的难题多。在这种情况之下，"胆子要大"显得尤为重要。倘若谨小慎微、优柔寡断、患得患失、左顾右盼、摇摆不定，那么，如何才能够解决在经济社会发展中积累的那些深层次的矛盾和问题？不仅不能得到及时解决，还可能会因此积重难返，影响整个改革发展的稳定局面。

改革如逆水行舟，不进则退。我们必须保持敢闯敢干的胆识，保持那股豪气，把摸着石头过河的成功经验发扬光大。正如习近平总书记指出："只要经过了充分论证和评估，只要是符合实际、必须做的，该干的还是要大胆干。"如果没有"敢为天下先"的勇气，没有一点闯的胆识，缺少一鼓作气攻克难关的魄力，在困难面前瞻前顾后、踯躅不前，改革就可能沦为口号，最终前功尽弃。

稳扎稳打取决于谋略、智慧。胆子大，步子稳，处理好二者之间的关系，这是改革开放以来的一条珍贵经验。比如，除了安徽小岗村土地承包经营的探索之外，还有，广东小渔村经济特区的试验、以党内民主带动人民民主的实践，等等，中国改革遵循的都是先易后难的务实路线，坚持的是由点及面的稳步推进。

深化改革需要勇气，但不是有勇无谋；需要沉稳，但不是畏首畏尾。而是讲求在战略上勇于进取、战术上稳扎稳打。一方面，对条件成熟的改革任务，看准了的改革项目，就要拿出政治勇气来，坚决改、抓紧改。另一方面，对改革的艰巨性、复杂性、关联性、系统性要有充分认识，该前期试点的不要仓促推开，该深入研究的不要急于求成，该得到法律授权的不要超前推进。把时不我待的干劲与静水流深的稳劲结合起来，才能积小胜为大胜、积跬步致千里。只要我们既有胆量，又有方略，既不懈怠，又不折腾，既敢作敢为，又善做善成，最终必将功成大业。

摸着石头过河不代表不担当

什么叫担当？简单地说，就是承担并负起责任，是在职责和角色需要的时候，毫不犹豫、责无旁贷地挺身而出，全力履行自己的义务。"顺境逆境看襟度，大事难事看担当"，领导必须负责，为官必须尽责。能否担当，担当大小，体现一个干部的胸怀、勇气和格调。

担当是一种责任、是一种勇气、更是一种品质，当然，敢担当不是逞匹夫之勇，更不是在错误面前"死扛"。不敢担当干不了事，敢担当不是为所欲为，尽责任不是我行我素。敢于担当，尽心履职尽责，才能在新常态下有好心态、有新作为。

一个团队或者组织里面，每个人都有自己的特长，也都应该有那么一种敢于担当起重任的精神，反之，如果每个人都拈轻怕重，不敢承担责任，那么组织里面的人必然就形成不了推动一切的合力，甚至会因为各自为政而相互掣肘。想要做成事情，必须能把所有力量汇聚在一条绳子上，而优秀的人，一定是绳子的中心。

在一个团队或者组织里面，如果一个人能主动站出来承担责任，那么这个人一定是优秀的人。如果每个人都具有这种敢于担当责任的精神，那么这个组织必定具有不断高涨的工作激情，成为一个坚不可摧的团队或者组织。

习近平总书记反复强调要求"领导干部要敢于担当""担当起该担当的责任"，这是为官当政的基本条件。

而我们经常说的"摸着石头过河"，就是敢于担当的最好体现。"摸着石头过河"这句话，新华字典是这么解释的：摸着石头过河，来自于民间以歇后语的形式出现的，比如摸着石头过河——稳当些。这句歇后语较为直白地解释就是说一个人想过一条不熟悉的河，在没有前人给出经验，没有船也没有桥等情况下，就只能以身试水摸索着河里的石头，以较为保守的甚至原始的方法逐步摸清情况并想办法安全涉水。

邓小平用摸着石头过河这句话，来论述改革开放，是在勇敢实践中不断总结经验的一种形象性的说法，是改革开放三条经验——"猫论""摸论""不争论"中的其中一条。回顾中国改革三十多年的历史，"摸论"可谓妇孺皆知。应当说，"摸着石头过河"作为一种渐进式的改革模式，对于大胆解放思想、积极稳妥地推进改革起到了巨大的指导作用，为经济发展增添了活力，增强了综合国力，这种改革模式遵循由易入难的原则，也避免了社会的震荡。摸着石头过河，是改革开放初期我们党推进改革开放的一个重要方法，也是富有中国特色、符合中国国情的改革开放方法，其历史价值毋庸置疑。所以，这句话也成了在中国家喻户晓的经典话语。

摸着石头过河，强调在实践中走一步看一步，一边探索一边推进改革开放，既不裹足不前，又不盲目冒进，其实质是坚持一切从实际出发，在实践中获得真知、摸索规律。正是依靠摸着石头过河的方法，我国改革开放先易后难、循序渐进，取得了巨大成就。

深圳，三十多年前还是南方的一块荒地，当时只有三万多人。改革开放前的中国是一个以计划经济为主、实行公有制的一个闭关锁国的落后国家，由于这些现实问题的出现，邓小平意识到旧一套的治国模式已经走不通了，他要开辟一条新的道路出来，于是他提出了改革开放的思想，并很快就落实到发展的各个方面。深圳正是改革开放的第一个实验点，由以前的三万多人发展到今天的一千多万人，由贫困落后的荒地变成了今天经济发达的大都市，这一切的一切都离不开摸着石头过河的思想。从今天深圳的经济发展来看，证实了我们的理论是正确的，深圳的发展辐射了全中国，也辐射了全球，中国改革开放的成功经验也为全球让许多国家所借鉴。

可见，摸着石头过河体现了一种勇敢担当的精神。当前，我国改革开放已经取得举世瞩目的成就，但发展中不平衡、不协调、不可持续问题依然突出，社会矛盾明显增多，既面临难得的发展机遇，也面临风险更大、难题更为集中的挑战，在新起点上进一步推进改革需要加强顶层设计，在敢于担当中历练提高，在真抓实干中建功立业，创造经得起实践、人民、历史检验的业绩。但是，加强顶层设计并不是要否定摸着石头过河，恰恰需要各级干部要勤于履责、勇于担责、敢于负责，在实践中大胆试验、大胆突破，通过摸着石头过河积累实践经验，从而为实现顶层设计奠定基础。

注意风险研判，加强顶层设计

风险研判是风险控制的重要环节，也是风险规避的前提条件，深入细致开展工作前进行风险研判，预想可能存在的安全风险，提醒我们在开展工作的时候，随时注意，保持警惕，约束行为，这样就能有效控制和防范风险。

企业管理人员必须牢固树立风险责任意识，通过学习丰富风险管理知识，带头搞好风险研判，给员工当好"指明灯"和"导航仪"。就整个社会管理而言，我们手握重权的各级领导干部，一样应该注意风险研判，应当对广大人民群众负责，不能明哲保身、但求无过，更不能漠然处置、事不关己。要树立高度的责任心和使命感，把风险研判抓实做细，真正使风险防范发挥出积极而现实的作用。

比如，为了应对突发事件的发生，南京市建立了矛盾风险研判机制。包括检察机关、法院、公安机关在内的部门或单位，在办理刑事案件过程中，对可能引发群体性事件、个人极端行为、缠诉闹访等风险隐患进行排查和预判，并按照刑事诉讼案件在三个机关中的流转环节，将上一个环节排查和预判的风险内容流转通报到下一个环节，从而有利于形成化解矛盾的合力。仅 2011 年，由非法吸收公众存款、合同诈骗、非法经营等案件引发的 30 多起被害人集体上访得到妥善处理。这些上访事件最终圆满解决，均得益于他们创新建立的涉案矛盾纠纷排查及风险研判机制。

顶层设计，也是一个学术用语，正成为当下使用频率颇高的一个词汇。何谓顶层设计？顶层设计是一种系统理论，要求用全局观对系统各个层次、构成进行协调统筹。就整个国家的改革而言，顶层就是最高层。重视顶层设计，就是要求加强对改革的统筹力度，就是要求把改革真正提升到制度、体制、机制建设的层面。简言之，就是要求全面设计，统筹规划。有了顶层设计之后，才谈得上其他。

"知屋漏者在宇下，知政失者在草野"。很多大获民心的成功改革，并非是顶层设计出来的，而是"尊重人民群众的首创精神"得来的，底层创造了好的经验做法，顶层加以认可，予以合法化，加以完善推广。强调顶层设计，标志着中央决策层对改革走向全面深化与协调配套的系统性的决心与勇气。这主要的原因就是中国改革30多年来，经济改革一骑绝尘，让一部分人先富起来。创造了综合国力大幅跃升、人民生活显著改善的"中国奇迹"，开辟出加快走向现代化的崭新道路，成绩有目共睹，方向完全正确。

而现在，到了一个新阶段、关键时期。发展永无止境，改革也不会一劳永逸。从这几年的改革实践看，由于对改革的整体设计不足，已经使当前改革面临越来越大的风险。综观今天的改革，我们不难看到一种矛盾的现象。一方面，不少地方和部门都强调改革创新，各种各样的改革尝试似乎从未停止过；另一方面，人们似乎对改革还有诸多不满意。一些部门打着改革、创新旗号扩张权力，既得利益膨胀，已经不是个别现象。这种改革变形、改革碎片化现象，损害了改革的权威，使某些改革流于形式。比如，自己制订游戏规则自己玩，近年来时有所见。这种打着改革旗号的假改革，严重损害了改革的名声。而在深化改革成为当务之急的当下，由"顶层设计"给改革导航把舵，正是党心民意的所思所盼。

在这个特定背景下，注意风险研判，加强改革的顶层设计，增强改革的科学性、系统性、协调性，着力突破改革瓶颈，既是过去攻坚克难的成功经验，也是继续深化改革的有效方法。

以中央《党政机关厉行节约反对浪费条例》为例，条例明确规定"取消一般公务用车""适度发放公务交通补贴"，就是针对公车改革的"顶层设计"，这样做有效防止了车改的以假乱真。在这之前，一些地方打着公车改革旗号发天价车贴，使本不合理的公款消费合理化。实际上，中央规定适度发放公务交通补贴，意味着上下班以及私事出行是不能拿公务交通补贴的，也意味着无须出门办事或下基层的公务人员是不能拿公务交通补贴的，还意味着补贴与公务出行挂钩，而不能简单以职务高低为标准发补贴。这种所谓的车改使得官员的灰色收入变成合法所得。因此说，由"顶层设计"而来的公车改革，对自己定规则、自己发钱的"假车改革"而言，就是釜底抽薪。

可见，加强改革的顶层设计至关重要。我们应该认识到，加强顶层设计和摸着石头过河都是推进改革的重要方法。从一定意义上说，顶层设计由摸着石头过河的实践而来，仍需再回到现实中去指导实践。而摸着石头过河的生动实践又为顶层设计提供了不可或缺的理性认识和理论依据。只有不断评估风险，管控风险，把顶层设计和基层创新更好地结合起来，在摸着石过河中加深对规律的认识，在统筹规划中协力推进改革，我们才能克服各种困难，使改革进程沿着正确方向前进。

有权不可任性，天马行空出问题

　　菩萨尚且还有土性，人有个性不是缺点，但个性过强就是毛病了。一味的任性，必然容易造成"物极必反"。就是说，事物发展到一个极端，就会向相反的方向转化。这告诉我们干什么都要讲究度的把握，千万不能走向极端。

　　历史上有很多伟大的人物都是因为任性，没有控制好自己的个性，上演了人生的悲剧。

　　周亚夫是汉景帝时期的著名大将，当时匈奴经常入侵骚扰，汉景帝想到重用大将周亚夫。但是，汉景帝也知道周亚夫因为劳苦功高，有着飞扬跋扈的劣习，因此希望在重用他之前先压压他的傲气。

　　为此，汉景帝精心安排了一场宴席，宴请群臣，但是开宴时间已过，周亚夫还没到来。汉景帝非常生气，他悄悄让侍从撤去了亚夫桌上的餐具。原来，周亚夫因为感觉到自己将会被重用，又有机会驰骋沙场了，因此有些得意忘形，礼服也不穿，还吩咐车夫"贵客必后至"。入席后，看到没有自己的餐具，大声吆喝随从去拿筷子。

　　汉景帝怒斥道："我们这里容不下你，你回去吧！"之后，他给周亚夫扣上了一个私自囤积盔甲武器的"帽子"，让其触法入狱。在狱中，周亚夫依然跟汉景帝"拉硬"，最终绝食而亡。对此，汉景帝也受到了不小的打击，不久也吐血而死。

本来，汉景帝明明是想重用周亚夫的，周亚夫也明明想统率三军报效国家，可为什么最后却落得这样的结局？二人为何不能共创千秋大业？

试想，倘若汉景帝能够放下做皇帝的架子，倘若周亚夫也能少一些任性和张狂，那么，他们的命运可能就会是另外一种结局。

权力是把双刃剑，用权为公，能带来掌声与荣誉；以权谋私，则带来罪恶与镣铐。有权就任性，必然下场可悲。

2015 年 9 月 29 日《法制晚报》报道：从 2011 年下半年开始，雅安市名山县政府办公室原主任苏明祥与时任县财政局局长马昭云、县发改局局长黄小川经常陪县长王涛打麻将。

由于输多赢少，苏明祥提出不想打了，玩不起了。马昭云居然提出让他找乡镇可靠的党委书记，以从财政上帮助乡镇解决工作经费的名义给他们拨点款，然后再从乡镇弄点活动经费。于是，苏明祥就分别找了建山乡党委书记王某和百丈镇党委书记闵某，提出以拨项目经费的名义搞点"麻将基金"，二人居然毫不犹豫地同意了。之后，财政局长马昭云依计行事，苏明祥收到建山乡书记王某虚开发票从乡政府报账后送来的现金 5 万元、百丈镇书记闵某从镇风貌整治资金中套取的现金 6 万元。后来，这 11 万元全部被苏明祥、马昭云输给了王涛。

2015 年 6 月，法院以受贿罪、贪污罪判处苏明祥有期徒刑 7 年；以同样的罪名判处马昭云有期徒刑 6 年 6 个月。王涛也因涉嫌贪污罪、受贿罪被提起公诉。

2015 年 10 月 1 日，《广西日报》报道，南宁市检察院侦破了一起上林县 7 人系列腐败渎职案，其中一名涉案干部可谓任性到了"奇葩"的程度。文中写道：

此人名叫韦桂龙，出身行伍，转业后先后任上林县副县长、人大常委会副主任、政协副主席等职，一直协管或者协调公检法，每年都到县检察院视察。干警们至今还记得，有一次他看到审讯室中犯罪嫌疑人坐的椅子是软包的，来了兴致，坐上去双手分别扶着两边的扶手，抬起身子，低着头左右看看，不停地说"感觉不错，不错"。没想到一语成谶，59 岁时他因涉嫌受贿罪终于坐上了当年连称"感觉不错"的椅子。

令人啼笑皆非的是，韦桂龙受贿主要是为了开发"中华民国莲花山宝库"。其交代，2005 年他从一位"高人"处了解到，国民党撤出大陆时很多资产没带走，包括黄金、美元、玉器等，其中一部分留在了附近的莲花山上。他与这位"高人"约定一起开发宝库，结果受骗。虽然他早已觉得被骗，但因"钱来得不正当，怕被查，再加上心有不甘，不愿意相信此事是假的"，导致越陷越深。

韦桂龙还是当地小有名气的"码王"，常穿梭于灯红酒绿之间，有时一个晚上下来要赶三趟酒场。酒喝多了，人就犯糊涂。政治纪律、法律常识基本不过脑。当时认为"只要老板同意给我这些钱，不是国家的而是老板的，自己不诈不骗，不存在违纪违法问题。"

此人之任性还不止于此。他笃信鬼神，经常请一些"风水先生"为自己算卦看命。为了乞求神灵保佑，他斥资近百万元在老家盖起一栋三层楼房，前后有院子，后院还建起了镇宅凉亭，企盼能够四平八稳、逢凶化吉，但最终，仍未能保住自己的平安。

有权不可任性，滥用权力必被权力所伤，这是拥有权力者需要铭记的。无数事实说明，当党员干部拥有一定权力的时候，慎用是最大的价值理念。把权力用在必需处、关键处，彰显出一种对权力的极度慎重、对群众感情的极度尊重。因此，拥有权力的党员干部必须牢牢恪守为政之德，为人民握好手中权力。

抄近道：大道甚夷，而民好径

　　美国著名军事将领麦克阿瑟，1944 年授衔五星上将，曾任美驻菲律宾最高军事顾问。20 世纪 30 年代任美国陆军参谋长，是太平洋战争中盟军主要指挥官之一。他 19 岁时进入美国军事学院学习，参加了学院举行的越野比赛，但不巧的是，比赛当天麦克阿瑟因患感冒而发烧，下肢像灌了铅一样无力。由于体力跟不上，麦克阿瑟渐渐地开始落后，到了一半路程时，他已经成了最后一名，被其他学员远远地抛在后面。孤军作战的麦克阿瑟走到一个岔路口，看到两条并行的路，一条路标着"士兵专用"，另一条标着"军官专用"。麦克阿瑟一看，士兵专用的路曲曲折折、非常坎坷，而军官专用的路则平坦很多，他心中有些不服气，觉得军官不应该有特权，但最终他还是选择了士兵专用的那条道。

　　当疲惫不堪的麦克阿瑟终于到达终点时，他有些气馁，觉得自己很丢人，一定是毫无争议的最后一名。然而，情况却恰恰相反，他被告知获得第一名！最终比第二名到达学员整整提前了一个小时。

　　原来，军官专用的那条路初看起来很平坦，但越到后来越难走，而且路途很长。而士兵专用的那条路，虽然有些坡坡坎坎，但却越来越平坦，且长度只是"军官专用"的一半。原来，这不仅是一次越野比赛，更是一次对新兵守规矩的测试，那些想趁无人监督走捷径的士兵都弄巧成拙了。四年后，麦克阿瑟以全校总分第一名的优异成绩毕业，并创下了美国军事学院毕业分数的最高纪录，此纪录至今无人打破。

"大道甚夷，而民好径。"意思大概是大道宽敞，但是人们却喜欢另辟蹊径，妄图走捷径。世上的确有很多条捷径，但却不能为了走捷径就忘了规矩，规矩是走向成功的行路栏杆，告诉我们有些捷径是不能走的。在这个世界上，想走捷径而最终欲速则不达的人和事却并不在少数。规律告诉我们，离开脚踏实地的苦干、不达目的不罢休的实干，成天想着靠投机取巧来实现理想，终究只能是竹篮子打水一场空。

追求真正的成功，应该立足长远，避免急功近利。著名主持人杨澜职业生涯在持续地做着一道加法，她做好了主持人，又请求导演：是否可以自己写台词？写好了台词，再问导演：可不可以自己做一次编辑？做好了编辑，她又问主任：可不可以做一次制片人？做了制片人，她还想：能不能同时负责几个节目？负责了几个节目后，又想能不能办个频道？杨澜就这样一步一个脚印地前进，永远保持观众心目中美丽、智慧的金牌主持人形象。

成长路上无捷径，一分耕耘，一分收获，没有付出努力，又怎会有结果。条条道路通成功，但唯独没有捷径，每一条路都是曲折离奇，趣味惊险的，不要试图去探索捷径，因为成长路上无捷径。学习每一点知识，都不是靠走捷径而成的，需要的是慢慢地理解、记忆、实践。

曾几何时，人才成长也进入了快餐时代，不少少儿疲于奔命在各类"校外班""特长班"之间，过早罩上了向往成功的"紧箍咒"。有人为了成功，挖空心思走捷径，"十年寒窗苦""铁杵磨成针"这些传统奋斗精神被抛到九霄云外。

一些速成爆长的所谓"成功者"，不仅内心空虚、品格低下，而且价值观念扭曲，精神匮乏。这些无不让人忧虑：在成长的道路上，他们究竟缺了点什么？

做人如此，从政亦然。举债搞"政绩工程"，是近年来官场上的一大"亮点"，也是个别官员得以升迁的一条"捷径"。据《人民论坛》的一个统计，在我国662个城市、两万多个建制镇中，约有五分之一的城镇建设存在诸如"现代化国际大都市""百里长廊"等政绩工程，主要资金来源靠政府举债。为了还债，有的政府长期拖欠职工工资，甚至对农民乱收费、乱摊派。近年来，还有不少基层干部为了快出"政绩"，不顾当地的财力物力和群众的承受能力，不惜举债大搞"面子工程""形象工程"，使当地政府背上了沉重的债务包袱。

"政绩工程"体现了一些政府官员的思维定式和习惯作风，他们凡事眼睛向上看，只对上不对下。他们认为，只要搞出政绩，让领导看到，领导就会对下级产生好感，最后就会把搞"工程"的干部提拔到更高的职位上去。正是存在这种"升迁捷径"心理，举债搞"政绩工程"的现象才屡禁不止。

党员干部的政绩要从实际工作中日积月累，不要总想着抄近道，因为捷径边上往往是歧途，有多少官员在寻找捷径时误入了歧途？那样最终的结局只能是劳民伤财，让自己尽失民心，落下可悲下场。

新型政绩观：绿水青山就是金山银山

长期以来，由于唯GDP论作祟，一些领导干部为了尽快干出"政绩"，热衷于短期行为，不惜以牺牲资源环境为代价，换得暂时的经济快速增长。致使一方面各式各样的"形象工程"铺天盖地，另一方面土地被大量占用，生态资源遭到严重污染和破坏。

转型已经开启，发展不容回头。近年来，中央对生态文明建设的重视程度越来越高，"绿水青山就是金山银山"的理念也越发深入人心。党的十八大报告"把生态文明建设放在突出地位，融入经济建设、政治建设、文化建设、社会建设各方面和全过程，努力建设'美丽中国'，实现中华民族永续发展"。

十八届三中、四中全会对生态文明建设做出了顶层设计和总体部署。2015年3月24日，中央政治局会议又审议通过了《关于加快推进生态文明建设的意见》，指出生态文明建设事关实现"两个一百年"奋斗目标，事关中华民族永续发展，是建设美丽中国的必然要求，对于满足人民群众对良好生态环境新期待、形成人与自然和谐发展现代化建设新格局，具有十分重要的意义。首次提出：当前和今后一个时期，要按照党中央决策部署，把生态文明建设融入经济、政治、文化、社会建设各方面和全过程，协同推进新型工业化、城镇化、信息化、农业现代化和绿色化，牢固树立"绿水青山就是金山银山"的理念，坚持把节约优先、保护优先、自然恢复作为基本方针，把绿色发展、循环发展、低碳发展作为基本途径，把深化改革和创新驱动作为基本动力，把培育生态文化作为重要支撑，把重点突破和整体推进作为工作方式，切实把生态文明建设工作抓紧抓好。通过多措并举、多管齐下，使青山常在、清水长流、空气常新，让人民群众在良好的生态环境中生产生活。

作为执政一方的领导干部，不能只为追求一时的经济发展，因噎废食；也不能为了不污染环境，就不发展经济。科学发展，并不是不发展，而是要找到一条科学的发展道路，让经济能够又好又快地发展。这就要求广大党员干部创新工作思路，根据本地的实际情况，做好产业调整，在经济发展的同时，确保人民群众有一个高质量的生活空间。

北票市城区南出口，缓缓流淌的凉水河，穿越整个城区，汇入大凌河上的白石水库。清澈的河水仿佛玉般缠绕在城区腰间，两岸湿地碧草青青，绿树成荫，争奇斗艳的花草把湿地装点得五颜六色。清晨和傍晚，到河边散步、休闲的市民络绎不绝。

令人难以置信的是，如此美丽的小河，过去由于河水被污染，曾经被人称作"黑水河"。长期以来，北票市城市污水直接排入这条河，河水被严重污染，颜色几近黑色，夏季臭气熏天，冬季不结冰，沿河两岸草木枯黄，垃圾成堆，两岸居民长期门窗紧闭，路过行人都得捂着鼻子快走。这条河严重影响了周边的环境卫生，并对下游饮水安全造成严重威胁。

2012年5月，在上级有关部门的大力支持下，北票市开始对凉水河进行治理，将其打造成为10公里的湿地生态长廊。采取生态措施和工程措施相结合的方式，建设了潜坝工程、疏浚工程、生态岛、绿化工程、湿地湖及河流湿地工程等，通过潜坝的截流过滤和水生植物的吸附，沉淀了水中的悬浮物，降解了水中氨、氮等富营养成分，有效改善了水质，凉水河重新焕发了勃勃生机。

凉水河湿地建成以后，不仅为朝阳、阜新、锦州三座城市的居民生活用水、工业用水和农业灌溉用水提供了优质的水源，同时起到了控制面源污染的作用。特别是湿地生态长廊工程的实施，使流淌了几十年的"黑水河"渐渐淡出了人们的视线。如今的凉水河潺潺流水，清澈见底，沿河湿地建成了景观带和休闲区，前来休闲、摄影、垂钓、观光的市民络绎不绝。

目前，凉水河湿地旅游区总面积已达3750公顷，其中湿地总面积为2625公顷，占土地总面积的70%。景区外湖水浩渺，原野广袤，景区内荷苑飘香，曲桥蜿蜒，芦荡深深，百鸟齐鸣。水域景观丰富，沼泽、滩涂、水面、潭池星罗棋布，湖湖相扣，景象壮观。湿地10公里的生态景观廊道有天鹅、苍鹭等90多种鸟类在此栖息，成为人们观鸟的最佳观赏地。2.2万平方米的荷花池，成为辽西地区最大的荷花观赏地。仅2014年就接待游客逾10万人次。2015年1月，凉水河湿地旅游区获批国家AAA级风景区，带动了城市建设和旅游业的发展，促进了当地经济社会发展和生态文明建设。

"鞋松鞋紧脚知道"，官员的政绩如何，群众最有发言权。"绿色"历来与"环境"有关，干部的"政绩观"是否"飘绿"，"环境"的感受最准确。

相信伴随着科学发展观的春风，越来越多干部的"政绩观"也将变得"绿意盎然"。

"功在当代，利在千秋"，每一位党员干部都应该有这种忠诚于当下、负责于后代的勇气和智慧。

| 第三章 |
锲而不舍向前走

　　习近平总书记说，"大国政贵有恒，不能朝令夕改，不要折腾。今天喊这个口号，明天换那个口号。这不叫新思想，而叫不稳当"。干事需要干劲，更需要韧劲；需要动力，更需要定力，不能"新官上任三把火"，心浮气躁、急功近利，图毕其功于一役，或者搞"张书记种树、李书记砍树"，另起炉灶重新开张。"治大国若烹小鲜"，就是要不折腾，不"翻烧饼"，这是领导干部应该遵循的执政理念的基本要义。

一件事情接着一件事情办、一年接着一年干

再长的路，一步步地走也能走完；再短的路，不迈开双脚也无法到达。这句话告诉我们，再简单的事情如果不做，永远无法完成；再艰巨的任务只要是一点点做，总有一天会完成。这就要求党员干部要有愚公移山的精神，认真做好自己的事情，担当起应该担当的一切。而接力赛要想取得好成绩，必须人人跑得快，一棒接着一棒跑，棒棒接得好。

"秦头楚尾"的陕西省白河县大双乡兴隆村，是一个自然条件并不优越的小山村，10 多年间，人均收入连年翻番，比全县农民人均收入高出近千元……这些巨变，得益于几届党支部一任接着一任地践行实干精神。

过去的兴隆村，"天旱三日地冒烟，月亮能把苗晒干，驴要打滚没场地，人到兴隆鞋磨穿"，如今顺着蜿蜒的公路一口气上山进村，沿途青山郁郁葱葱，有条条如链的绿水和串串珍珠般的窖井……

巨变是如何发生的？就在于该村前后十多任村支书始终是一件事情接着一件事情办、一年接着一年干，这是他们取得成功的一条重要经验。

从 1970 年以来，村党支部带领群众"猛攻千年石，细抠万年土，大修石坎'三保田'"，先后已经有十任党支书，他们不管谁上任，都认为群众盼的就是干部应该干的。坚持不懈，咬住青山，瞄准发展，尽快致富。

1998 年春天，金学良从第五任支书何毓发手上接任第六任支书。一上任，他就找干部出点子，寻村民找办法。那一年党支部决定："稳定蚕桑种

黄姜，公路上梁奔小康！"何毓发带领大家炸山搬石修路 1.5 公里，用自己栽黄姜增收的切身体会引导乡亲们多栽黄姜。当年全村黄姜的种植面积由 200 亩猛增到 600 亩，仅此全村人均就增收 1000 多元。

第七任党支部书记阮大喜，接过接力棒后带领大家接着学习养蚕、栽姜的新技术，黄姜种植面积从 600 亩增加到 680 亩，养蚕由 600 多张蚕床增加到 720 多张。同时，他还领着村民们冬春修路，夏伏挖窖，2000 年一年就修了两公里公路和 140 多口能积存天上水和地表水的水窖。

第八任支书汤宗梅是全村十届党支部中唯一的女书记。她认为党支部应是坚强堡垒，共产党员的先锋模范作用应当体现在"示范"二字上。干部就要说给村民听，做给村民看，领着村民干。她攒足劲向老支书们学习，带头修路、修水窖、栽姜养蚕，自费到安康学习并推广"严格消毒，掌握温度，按时喂桑，适时上簇"的养蚕新技术，带动农户搞起"小蚕共育"，使单户每张蚕产量由 20 多公斤提高到 40 公斤以上。在她的示范带动下，村户补栽桑树 3.9 万株，使全村养蚕由 700 多张发展到 863 张，蚕茧产量达 2.85 万公斤。汤宗梅发挥当年"铁姑娘"队长的劲头，带领村民不到两年修了 3.4 公里山路、建了 100 口水窖，使黄姜种植面积又提升到 840 亩。

第九任支书是李太魁，他上任的时候，经过前八任支书带头干，已经修通了 7 公里的公路，再有 4 公里就全线贯通了，可要修通这 4 公里的路，任务更加艰巨。但"开弓没有回头箭"，认准的路就要走到底！李太魁挨家挨户做工作，用扛死肩的办法把任务落到实处，与大家一起夜以继日地苦干，终于把剩下的 4 公里公路修完了。

如今，11.2 公里的进山路全部打通。由于路通到梁上，车运车送，蚕茧、黄姜的成本降低了，村民收入明显大增。

路通了，村民们见到了实惠，思想也通了，都夸这路修得好，全村老百姓富裕了，还添了不少机动车。

第十任支书裴长林，认为山有顶，路无穷。前任干好的事，他还要坚持干；没干完的事，继续干。自己不能把人家的成绩擦掉再写自己的，要当接力棒，把兴隆村日益兴隆的事业接过来，干下去，实现更高水平的"小康"。

兴隆村几任书记的实干精神，诉说的就是共产党人的价值选择：党员干部的政绩就是人民的利益，干部的前途就是人民的幸福。

今天，面临着"四个全面"的深入开展，我国进入新的发展阶段，李克强总理曾不止一次提出要拿出"壮士断腕"的勇气，破解改革过程中所面临的难题，这就要求共产党员要树立强烈的责任意识。只要我们努力的方向正确，日日为继，久久为功，一步一步向前推进，一棒一棒接力奋斗，一任接着一任干，一茬接着一茬抓，一锤接着一锤敲，一寸接着一寸进，积小胜为大胜，咬定青山不放松，就一定能取得最后的胜利。

"张书记种树、李书记砍树"纯是瞎折腾

长期以来，一些地方少数官员作风浮躁，急功近利，频频出现政绩冲动，热衷于怨声载道的政绩工程、形象工程、路边工程，对庆典、表彰、剪彩等应景活动乐此不疲，只注重轰动效应，不注重实际效果。甚至不择手段，制造"虚假政绩"，骗位子、骗票子。其结果往往是事倍功半，甚至劳民伤财、得不偿失，"花了一堆金银，坑了一方百姓"，使改革发展"进一步，退三步"。

据报道，由于南京市交通局领导发现过江公交车人多座少，大部分乘客都站着，有安全隐患。为了保证旅客生命财产安全，消除长江二桥安全

隐患，2014年8月20日，南京市交通局下发通知，要在21日上午对二桥"消险"（指消除隐患）进行验收，要求扬子公交六合公司玉六线实行一人一座，严禁站立。谁料公交施行"一人一座"首日早高峰一到，候车者不断聚集，公交车还没驶进站台，候车者便冲破阻拦，蜂拥而上；好不容易挤上了车，又被要求下车换乘，怒火中烧。于是，你推我搡，一片混乱；你质疑、我抱怨、他骂娘，乱成一团……导致大批市民在车站上等不到车，报警的、投诉的大有人在……最后，这项"为民着想的新政"施行不到两天，被迫于21日9时30分取消，便匆匆收场。

还有，曾几何时国内各地改名之风此起彼伏。地名，不只是一个普通的地域名字，更是一个民族的文化名片和精神生态所指，是一个地方精神和文化传承的纽带和符号，具有强烈的社会性和民族性。但是，近几年一些大大小小的地方都跃跃欲试，想改掉国人乃至全世界都早已经熟悉的名字。

的确，有的地方因为改名，使旅游的标志性名胜与地名直接重合，从而有效带动了当地旅游发展，比如南坪县改为九寨沟、灌县改为都江堰、中甸县改为普洱、大庸市改为张家界，等等。但也有的意义就不大，比如，而徽州还是黄山、荆州还是荆沙的反复折腾，就受到很多争议。湖北襄樊将地名改回"襄阳"，引发了网上新一轮的地名争议。还有"石家庄"有意改名"正定"时，在互联网上更是遭遇数不清的反对。这些做法的支持者无非是讲讲"凸显文化底蕴"，而批评者则直指地方"瞎折腾""糟蹋钱"。

不少地方政府"任性"地改地名，直接原因是受"畸形的政绩观"影响。但从根本原因上讲，地方频频改地名，归根结底是缺乏刚性约束，任何人都不必为"任性"改地名的行为承担责任和后果，这使得地方政府特别是个别主要官员在改地名上拥有很大的权力，想怎么改就怎么改，完全看主要官员的个人想法，根本不考虑地域文化的传承和人民的思想感情，也反映出将经济利益作为出发点和落脚点，对地名、百姓缺乏足够的尊重和敬畏。

"山不在高，有仙则名；水不在深，有龙则灵。"一些城市落后，差的不是地名，是自信与气魄，是与邻近中心大城市的同核共振。与其假借"文化"在名字上瞎折腾，不如在理清发展思路、转变发展模式上多动脑筋，狠下功夫。

我们应该注意到，出现这些现象，大多发生在那些新上任的领导干部身上，他们往往热衷于"张书记种树、李书记砍树"那一套，对旧问题不闻不问，对原有的好做法、好作风不理不睬，甚至否定前任，抬高自己。这样一来，"一个住持一套经，一个将军一个令"的做法往往贻误了工作持续的发展。

小孩子搭积木，搭建得不满意"推倒重来"是常事，但是一个地方的发展终究不同于"小孩搭积木"。搭积木如同在一张白纸上作画，不受约束，"只有想不到，没有做不到"。但是，假如换一届领导便不由分说推倒前任的规划、另起炉灶重开张的话，显然将造成巨大的资金浪费。规划变更的成本，不应被无视。频繁变更的规划，不仅有违规划的本意，更是不折不扣地在慷公众之慨。

不折腾，是寻常老百姓所说的俗语，道出了人民大众的心声。这就要求领导干部认清肩负的重大政治责任，为民、务实、清廉，始终把人民群众的冷暖放在心上，让发展的成果惠及广大百姓。要心里装着群众，一任接着一任干，不追求虚假指标和轰动效应，不搞不切实际、违背科学的瞎折腾和劳民伤财的"形象工程"。要践行共产党人的核心价值观，比贡献大小不比职务高低，比群众口碑好坏不比名利多少，比心灵和谐不比物质享受，在当地发展进步史中留下自己的奉献。

可见，不搞"张书记种树、李书记砍树"的折腾事，党员领导干部在行使手中的权力时，都要有强烈的党性意识和责任意识，树立群众利益没有小事的观念，凡是涉及群众的切身利益和实际困难的事情，再小也要竭尽全力去办，使权力真正用于为人民服务。

继往开来，在位就要既记新账又理旧账

2014 年 5 月，中央组织部近期印发了《关于改进地方党政领导班子和领导干部政绩考核工作的通知》，要求各地组织部门进一步改进政绩考核工作，纠正简单以经济增长速度评定政绩的偏向，着力解决搞"形式主义""政绩工程"和"新官不理旧账"等问题，促进各级党员干部树立正确的政绩观，推动经济社会科学发展，做出经得起实践、人民、历史检验的政绩。

不少新官一上任就想出成绩、出政绩，总想把"三把火"烧得旺旺的，这当然是好的愿望。不过，火要烧好，但工作的连续性也切不可忘掉。新官上任，既要"出新"，也要"理旧"。

所谓"理旧"，就是要把前任在任期内没办完的好事、没办全的实事、没解决的难事，以承前启后的胸怀逐一办好，把暴露出来的"问题"解决好。而"出新"，则是不断开拓，频出新招。但是在日常工作中，或为了突显自己的功绩，或为了个人喜好，随意推倒前任工作的"你来挖坑""我来填土"的现象、情况时有发生，使得很多干部无所适从，不知"挖坑"好还是"填土"好？于是，干部的作风就散了，老百姓的心就冷了。

据央视网 2013 年 1 月 30 日报道，哈尔滨松北区"新官不理旧账"的行为导致省行政复议决定难执行，政府七八年来欠下企业的账"一去不返"。2004 年 2 月，黑龙江省哈尔滨市松北区资金紧张，时任区政府领导找到准备到该地建厂的成才集团，让其先投资市政建设，区政府用土地作置换。然而工程结束，松北区政府新一届领导却未兑现承诺，尽管黑龙江省政府于2011年2月做出行政复议决定，责令市政府为第一届领导留下的账"埋单"，但新政府依然坚持第一届领导签订的协议是无效的，拒绝对成才集团进行赔偿。

这种"新官不理旧账"的现象并不仅仅发生在松北区一个地方。2010年7月，媒体曝出新疆博尔塔拉蒙古自治州博乐市城建局新上任的领导不认旧账，致使新疆一企业身陷困局；同年8月，河南登封曝出新官上任不认旧账，12位农民5年讨不回工程欠款……种种不认旧账的背后，是官员职责认知的误区，是政府失信于民的缩影。

官员在职期间，所实施的政策和对人民的承诺代表的是其所供职的公权力部门的职能和职责，而并非是其个人承包的事务。官员的离任，也只是代表着其个人职位的调整，并非其所供职的公权力部门职能和职责的终结。因而，上一届的官员离任后，并不代表着其在任期间欠下的民生账单可以就此一笔勾销，也不意味着其在任期间所实施的执政政策的结束。

一些地方新上任的官员，拿"上届领导定下的事，自己不清楚"或者前任领导签订的协议无效等借口当理由，拒绝为旧账"埋单"，这显然站不住脚。新官上任，继承的不仅是前任的职位，更是政府的职能和责任。无论是"新官"还是"旧官"，代表的都是一个政府或部门。因而，一切民生的旧账、上届领导未完成的对人民的承诺，新任的官员都必须将这份责任接过来，责无旁贷地为上一届领导"埋单"。否则，就是失责于民、失信于民。

2014年6月26日，习近平总书记在中央政治局常委会听取中央巡视工作领导小组2014年中央巡视组首轮巡视情况汇报时，讲道，狠抓整改，落实主体责任，整改工作必须要跟上。一些地方发生窝案串案，有的地方成为腐败重灾区，主要负责人的责任是怎么履行的？不能"新官不理旧账"。出了事，要追责。我们有的地方、单位管理失之于宽、无能为力，主要负责人是干什么的？要履责，要抓党风廉政建设！凡是整改不力的，都要严肃追责。巡视整改落实的情况都要"回头看"，要揪住不放。

因此，解决"新官不理旧账"，就要注重考核发展思路、发展规划的连续性，坚持和完善前任的正确发展思路，避免各种资源的浪费，稳步推进科学发展。

敬畏历史，改正错误。无论新官或旧官，无论现任或前任，他们肩上所承受的担子，都关系政府部门的形象，更对维持老百姓的幸福生活起着及其重要的作用。因此，前任领导未完成的承诺、一切民生的旧账，新任官员都必须接过来。对于前任官员所犯下的错误，也必须做出补救。否则，就是失责于民、失信于民。要确保党和国家事业长远发展，就要通过理旧账来"固本"和"浚源"，每一位新官都应当有这样的觉悟。

打掉"隔心墙"，工作不能走过场

一些党员干部在做思想工作总结的时候，也往往都有这样一条：下基层调查研究不够深入。的确是这样，像走过场一样的调研，还能够了解到鲜活的东西吗？群众还能够信任你吗？干部和群众之间怎能没有"隔心墙"！

大兴调查研究之风，没有调查就没有发言权。调查研究不仅是我党的好传统、好作风，也是党和政府的谋事之基、成事之道。正如习近平同志所说："调查研究不仅是一种工作方法，而且是关系党和人民事业得失成败的大问题。"

但是，在实际工作中，调研走过场的现象也相当普遍，不容忽视。比如有的干部调研时，只看先进典型，满足于到处听一听、转一转、看一看，完全是浮在表面上，蜻蜓点水、浅尝辄止，完事之后依然不明不白，走形式、走过场了事；有的干部调研时，热衷于听赞歌，只看当地政府的成绩，回避群众关心的问题，只说好话、车轱辘话，不挑毛病，名义上是调研，其实是"巡礼"；有的干部调研时，粗枝大叶、不做深入研究，装了一兜子材料，却懒得研读，回来汇报一下，写个报告就算交差；有的干部调研时，听不到真话，看不到真相，反而借调查研究之名，行游山玩水之实，把调研变成了干部职工的福利待遇；还有的干部把调研变成了拉关系、办私事的途径。甚至，有一些干部只是为完成上级任务作"应景文"，为接受基层邀请当"吹鼓手"，为验证某一个领导干部的一个新观点、维护部门的一点小利益，便把调研变成了结论预设、按需求证、合则取不合则弃的工具。

2013年11月，陕西省咸阳市一位科协领导穿着鞋套下乡调研的图片在网上引发热议。党的群众路线教育实践活动开展以来，全国上下狠杀形式主义、官僚主义等"四风"，取得了积极的成效。但这位领导的这组"鞋套照"，却令人倍感无奈，甚至哭笑不得。难怪网友们说，脚上沾满泥土，心里才能装着百姓。下乡调研，本应当亲近泥土，但领导穿着鞋套调研，怎么能和老百姓站在一起？怎么能真正了解社情民意？这样的调研，正是调研的大忌。要知道，在现在的形势下，稍有不慎，就可能会在干部与老百姓之间砌起一道"隔心墙"，这堵墙一旦立起来，再想拆掉就难上加难了。

新时期，人们思想复杂多元，各种矛盾层出不穷，干群关系紧张。如何化解矛盾？如何拆除这堵隔心墙，让干部与群众能够面对面、心贴心？

打掉干部群众之间的"隔心墙"，要在"实"字上做文章。如今，有的干部在"衙门"里待的时间长了，直面群众的胆子却小了；有的干部遇到问题不是积极想办法尝试解决，而是一拖再拖让群众"等结果"，导致小事拖成大事，大事拖成难事，好事拖成坏事；有的干部实际工作干不了，忽悠群众的本事却大得很，满嘴术语滔滔不绝，群众不爱听也听不懂。一些干部虽然生在农村、长在农村、工作在农村，却越来越不了解农民，不熟悉基层，对群众的所思所盼所求不上心、不热心、不操心，执行政策打折扣、服务群众不到位。在一些地方，交通方便了，干部反而与群众的距离远了；通讯快捷了，干部反而与群众联系少了；惠民政策多了，干部反而与群众生疏了……

打掉干群之间的"隔心墙"，坚决杜绝工作讲排场、走过场，切实去"虚"除"浮"，群众对领导干部的要求是：真干而不是假干，实干而不是虚干，为党和群众干而不是为自己干，这既是保持党的先进性的基本内容，也是衡量领导干部是否让人民群众满意的试金石。要拆毁这无形的"墙"，无疑必须转变工作作风和思路，解决作风建设问题。干部应积极走进群众，把群众关心之事办牢靠，防止走过场，必须做到在破解难题中改进工作。

打掉干群之间的"隔心墙"，坚决防止"四风"穿上"马甲"和"隐身衣"，更不能开展批评红脸出汗，动起真来却蜻蜓点水；不能谈起问题长篇大论，说起整改落实却轻描淡写。村看村，户看户，群众看干部。要抓好工作，杜绝走过场，少些"花架子"，多些"实心货"，领导干部要带头做好表率。

长远规划，避免短期化工程

据了解，早在 2009 年，国家发改委、铁道部、交通部、住房和城乡建设部、水利部等七部委就针对重大工程的安全质量问题联合发布了《关于加强重大工程安全质量保障措施的通知》。通知指出，近年来，在重大工程领域，仍有一些项目前期工作准备不足、深度不够，不顾客观条件盲目抢时间、赶进度，安全质量管理不严，责任制未真正落实，造成工程质量下降，安全隐患增加。要求必须深入贯彻落实科学发展观，采取有效措施切实加以解决。

然而，时至今日，这些"短命工程"为何在层层监督下仍频现各地，重庆一个投资千万元修建的殡仪馆没用过就废弃、成都投资数十亿元三年两次打造"非遗公园"、北京一个体育馆刚装修一新就要被拆除、大连的海景别墅、武汉建成才 5 年的别墅区、福建投资千万的小学……全国各地"短命工程"出现的频次之高、造成的浪费数额之大，令人触目惊心。

2014 年 6 月 22 日新华网记者报道：一个耗资 2.7 亿元的中国—东盟河口国际旅游文化景观长廊，设有观光平台和走廊、景观灯光、间隔地带、消防通道和卫生间等公共设施，是集商业、文化、旅游观光为一体的建筑景观带，自 2011 年建成后曾被当地誉为"边境明珠"。这样的一个建设项目，仅仅建成 3 年之后却又面临被大部分拆迁的命运。

为何刚刚使用三年多且运行状况良好的项目要被拆？按照河口县的解

释，"沿河商铺严重影响了沿岸的景观，成了群众反映的热点问题""如何进一步扩展旅游文化景观长廊的公共空间成了广大人民群众的诉求"。

于是，"中国—东盟河口国际旅游文化景观长廊"将被"改造提升"，增加城市公共空间和平台，提升国际化滨江城市核心地段个性风貌的建设理念，使之成为市民、游客休闲观光的场所。

于是乎，按照上级有关"将河口建成国际化滨江城市"的要求，河口县在2013年制定了《河口县开展口岸国门形象提升工程的实施方案》，并且该项目"由于前期城市规划缺乏前瞻性，城市空间拥挤，街道狭窄，建筑密度大，已不适应新的城市发展规划和上级提出把河口打造成为国际化滨江城市的要求"，在2014年5月，河口县对第一批协议拆迁的房屋进行拆除。

2013年11月11日，新华社发表了题为：地方盲目重复建设浪费惊人——河南新野县频发"短命工程"调查的文章，文章指出：

新野县是河南省南阳市下辖县，位于豫鄂交界处，全县人口约有82万人，城区居民人口约为20万，年财政收入仅有3.8亿元，是个传统农区的财政穷县。但就是这么一个穷县，自2010年以来，却随意更改规划，重复建设毁掉的项目多达5个，项目总造价超亿元。

2007年，为了装饰县城的入城口，河南省南阳市新野县规划投入千万元建设占地1085亩的城北公园。时过6年，曾经定位传承三国文化，"铺了路栽了树，挖了湖修了桥，还有凉亭、公厕、假山和景观灯"的城北公园被重新毁掉，取而代之的是商业地产项目。

而更令人吃惊的是，类似城北公园的"短命工程"在新野县并非一例。

2012年5月，新野县启动城区三国大道（朝阳路至滨河路段）改造工程，改造路段全长3.2公里，总投资1600万元，每公里造价高达500万元。而群众反映，该路段改造前使用不足6年。

2012年3月，新野县启动修建在白河大堤上的滨河路城区段改造工程，改造路段全长4.2公里。而原来的滨河路全长6.9公里，总投资3000万元，设计使用寿命 15 年，该路段改造前使用不足 8 年，平行的新旧路段间距也只有数十米至百米不等。

而在 2010 年和 2012 年，新野县的另外两条主干道人民路和朝阳路同样遭遇了"短命"。其中，全长 6 公里的人民路改造工程耗资 8600 多万元，是开工前 2600 万元预算的 3 倍还多。据当地群众讲，这两条路改造时距最新一次改造也仅仅只有两三年。

人们不禁要问，那些动辄上千万、上亿元的项目，当初上马时为什么没有充分调研？又是什么原因驱使这些"短命项目"匆忙上马？简单归纳一下，缺乏前瞻性、协调性和监管力度，是导致各种"短命工程"的三大原因。

近几年来，逢汛期暴雨的时候，国内不少城市都陷入内涝的尴尬，而青岛被公众冠以"中国最不怕淹的城市"之名，以样板的姿态为公众津津乐道。暴雨肆虐中，为什么青岛最不怕淹？原因就在于青岛整座城市排水系统起到了巨大作用。早在一百多年前的 1897 年，德国人计划将青岛建成在太平洋的最重要的海军基地，因而在青岛设计了现代排水系统，其中的雨污分流模式，即使到了今天，还有很多中国城市未能做到。德国海军承担起了管理和城建任务。当时铺设下水管道所用的水泥、钢筋均来自德国，而铺设的下水管道尺寸之大甚至被德国人称为"怪物"。整个排水系统主干道甚至宽阔得"可以跑解放牌汽车"。过去老城区下完雨，地面就干干净净的，百年前德国人铺设的下水道井盖已融为这座城市的一道风景。反观新城区的小区和街道，常常内涝成灾。

更有一则网帖广为流传：青岛的城建人员在整修德式下水道时发现有零件损坏，到处找不到合适的，最后求助于德方，结果对方很快回复说，不用担心，在那个损坏的零件周围三米范围内，肯定有个地方藏有备件，工程人员细心查找，果然在附近一个小箱子里找到了油纸包着的零件，拆开看还锃光瓦亮呢。极具现代意识的城市下水管网，让一百多年后的青岛人依旧受益，其前瞻性和容纳性可见一斑。

因此，短期化工程现象必须引起我们高度重视和严肃对待，如果不怀着敬畏历史的心、不用科学严谨的态度来进行统筹合理的安排，这样朝令夕改的混乱局面只能越来越糟。

咬定青山不放松，一张蓝图绘到底

习近平总书记指出，要保持工作的稳定性和连续性，做到一张好的蓝图一干到底。实践中，能不能做到这一点，考验的是一届党委班子的政治品格，反映的是领导干部政绩观的正确与否。

红旗渠是在 20 世纪 60 年代中国经济十分困难的条件下，林县人民苦干十个春秋用血肉之躯筑成的 1500 公里的"人工天河"，它是人类与恶劣自然环境挑战而获得胜利的一个光辉典范。20 世纪 70 年代，周恩来总理曾经自豪地告诉国际友人："新中国有两大奇迹，一个是南京长江大桥，一个是林县红旗渠。"不同的是，南京长江大桥的建设是举全国之力，而"红旗渠是英雄的林县人民用两只手修成的"！外国人说："红旗渠是世界第八大奇迹。"有人甚至说："到中国不看红旗渠，等于没到过中国。"

1960 年 2 月红旗渠上马的时候，正值国家的困难时期，面临着资金缺乏、物资紧张等重重困难，在来自四面八方的压力、误解、指责，甚至丢官罢职的严峻考验面前，以杨贵为首的林县县委一班人没有退缩，他们以大无畏气概，团结和带领全县人民"干"字当头，不等不靠，自力更生、艰苦奋斗。没有石灰自己烧，没有水泥自己制，没有炸药自己造，不懂技术干中学……最困难的时期，民工们每人每天只有六两粮，为了填饱肚子，他们上山挖野菜，下河捞水草……县委一班人更是身先士卒，在工地与民工同吃、同住、同劳动，同克时艰。

他们在实干中不断摸索，破解了一个又一个建设难题。在总干渠最艰巨的谷堆寺段施工中，开始时，民工们腰系绳索，吊在悬崖半空中打钎放炮，崩出工作面。后来，他们革新技术，采取土办法，架起空运线，加快了进度，提高了工效，还大大减少了安全事故。为解决总干渠与浊河交叉的矛盾，他们建造了一个空心坝，坝中过渠水，坝上流洪水，渠水不犯河水。修建桃园渡槽时，他们发明了"简易拱架法"，建成了一个"槽下走洪水、槽中过渠水、槽上能行车"的科学的渡槽……

十年奋战，愚公移山。他们共削平了 1250 座山头，架起了 211 个渡槽，凿通了 211 个隧洞，修建 12408 座各种建筑物……硬是在崇山峻岭中凿出了一条 1500 千米的"人造天河"。如果把十年挖砌的 1818 万立方米土石筑成宽 2 米、高 3 米的墙，可以纵贯中华南北，把广州和哈尔滨连接成一道"万里长城"。

难能可贵的是，县委一班人带领林县人修渠 10 年，动用了大量的资金和物资，但从没有发生过请客送礼、挥霍浪费的情况，也没有一个干部贪污挪用钱粮物资。为了修建红旗渠，共有 189 名英雄儿女献出了宝贵的生命，256 人重伤致残，他们用血肉之躯乃至生命的代价，谱写了一曲英雄主义的壮歌。

每一名领导干部都应该像当年林县党委一班人一样，以党和人民的事业为重，咬定青山不放松，不计个人名利得失，扑下身子脚踏实地干事业，树牢"一张蓝图干到底"的政绩观。

1. 必须承上启下，使决策保持一定的连续性

每一届党委的每一项重大决策，都是我们事业发展进程中的重要链条，今天的决策，是前人的铺垫、后人的参照，需要接着前人的摊子干，同时给后人留下一张好蓝图。一方面，不轻易否认前人的决策。前人的决策是

基于当时的历史和现实条件慎重做出的，并且已付诸实施。作为继任者，当始终站在经济社会发展的全局角度审视和对待既定方针政策，在前人的基础上添砖加瓦、跑好接力赛。另一方面，不欠后人账。做决策不仅要解决眼前的问题，还要充分考虑后续发展，自觉为后人搭桥铺路、栽树乘凉、造福谋利，绝不能做寅吃卯粮、超前透支的事情，这体现的是一种大局观和责任意识，是跑好"这一棒"的重要前提条件。

2. 必须准确把握今后发展的新要求

要认识新常态、适应新常态，在"速度变化、结构优化、动力转换"的新常态下抓住机遇、推动发展。要坚持稳中求进的总基调，坚持以提高经济发展质量和效益为中心，追求有质量、有效益、可持续的增长，追求就业充分、效率提高、结构优化的增长。要主动应对经济下行压力持续加大、结构调整刻不容缓、深化改革势在必行、解放思想迫在眉睫等严峻课题，在解决问题中推动社会不断前进。要坚定信心、抓住有利条件、发挥自身优势，把机遇和优势转化为科学发展、可持续发展的现实成果。要统一思想、解放思想、提升能力、真抓实干。

3. 必须抓住重点、抓住关键

要以前所未有的力度推进结构调整，尤其要把项目抓实，强化创新驱动，坚决实现结构调整的实质性突破。要大胆创新、大胆实践，集中力量深化改革，以改革激发新动力。要尽心尽力改善民生，始终把人民安危冷暖放在心头，深入实施民生工程，全力推进社会进步，加大生态建设力度，让人民群众的生活一天比一天更好。要大力推进依法行政、公正司法和平安建设，切实提高依法治国水平，努力建设法治中国。这些重点任务，就是我们的主攻方向，只要聚精会神、一抓到底，必将构筑经济社会发展新天地。

4. 必须把党要管党、从严治党落到实处

各级党组织和党员干部，要把抓好党建作为最大的政绩，狠抓党建责任制落实，全面加强党的建设各项工作，为改革发展提供坚强政治保证。

当然，强调"一张蓝图干到底"，并不是说"蓝图"就是一成不变的，而是指大的方向不改变，具体到细枝末节，具体实施时则应相机而动，根据发展变化的新情况，及时对实现蓝图的方式方法和目标任务作相应调整应对，不断解放思想，更新观念，以观念的更新引领工作的创新，推动全面协调可持续发展。负责任、想干事的党委班子和领导干部，不能在等靠拖延中空耗时间、丧失机遇，而应积极主动地探索解决问题的有效方法，敢于打破常规，这样做也许会承担一些风险和压力，却能带来创新和进步。

| 第四章 |
忧患意识丢不得

　　习近平总书记曾指出"从坏处准备，争取最好的结果"的思想，这是做决策、谋发展的基本遵循。人无远虑，必有近忧。无论做什么工作，忧患意识丢不得，麻痹思想要不得。要有预案，任何时候都要学会从"最坏"的可能来设想、来预警，向"最好"的结果去努力、去争取，既能出招，又能应招，这样，心里才会有底、做事才能有谱，即使碰到风浪，也能"任凭风浪起，稳坐钓鱼船"。

不要躺在功劳簿上睡大觉

社交平台上有一则段子比较火：

当摩托罗拉还沉醉在 V8088 的时候，不知道诺基亚已迎头赶上。

当诺基亚还注重低端机市场时，乔布斯的苹果已经潜入。

当中国移动沾沾自喜为中国最大的通讯商时，浑然不觉微信客户已突破 4 个亿。

当中国银行业赚的盆满钵满高歌猛进时，阿里巴巴已经推出网络虚拟信用卡。

当工商银行独行天下时，殊不知小弟平安银行已偷窥多日，迅速在全国铺开。

当很多人还在想租个门面房做个小生意时，光棍节一天中国互联网创造天价成交额。

不要说停止学习，停止脚步，就是慢一点都有可能被淘汰出局。竞争就是如此残酷。

的确是这样，别的不说，单说在智能手机行业发展过程中，诺基亚比苹果早 10 年提出智能手机的概念，早 3 年推出手机触摸屏。诺基亚创新部门前主管 Juhani Risku 曾经表示："在诺基亚研究院有 5000 名专业人士，其中有 500 人极为出色，有着'杀手级的灵感'，不幸的是，他们研究出来的创新方案，最终出现在了对手的手机上。"可见，创新的技术和理念只有应用到实践上才能最终带来价值。诺基亚当惯了大哥的惰性显然使苹果抓到了机会。

苹果的巨大成功使传统的手机巨头们不得不放下架子，争相推出与iPhone极为相似的手机产品。当谷歌推出开源的安卓系统后，许多人认为苹果的领先优势将很快消失，然而，为什么直到现在苹果依然可以从容地傲视群雄？苹果公司前CEO乔布斯在发布iPad2时的一句话或许就是答案："如果我们什么都不做，竞争对手有可能赶上我们，但是我们并没有躺在功劳簿上睡大觉。"

如今，已经成为业内大哥的苹果可没歇着，一直忙着搞创新：在电脑的发展历程中，苹果一直是一个先行者。苹果率先在Mac操作系统中采用图形用户界面，苹果第一个在Mac电脑中引入了鼠标，苹果也是第一个采用彩色显示器的电脑厂商。现在已经被覆盖到大街小巷、餐厅、咖啡馆的Wi-Fi也是十几年前苹果的一位员工发明的，当时他在研究如何实现Mac电脑与打印机之间的无线连接。

此外，还有高清电容触摸屏、高清摄像头、大容量电池、先进的处理器、语音助理Siri、Magsafe充电器、多点触控板、背光键盘……一代又一代新产品总是能给用户带来惊喜。因此，有专家认为，很难用一个词来概括苹果，但是如果用一组词概括的话，"创新"应该是排在第一位的。过去的10年，苹果获得了1300项专利，相当于微软的一半，相当于戴尔的1.5倍。

要说在功劳簿上睡过了头，典型的当属破产了的相机界"老大哥"柯达。早在1930年，柯达已经占到世界摄影器材市场75%的份额，利润占到市场的90%。低价售相机和高价售胶卷的模式让柯达舒舒服服地度过了数十年，然而数码相机的普及让柯达从美梦中惊醒。其实，世界上第一台数码相机是柯达的一位名叫斯蒂夫·萨森的工程师在实验室中制造出来的。不过，柯达公司管理层当时的指示却是："这非常好，但不要把这个东西告诉任何人。"于是，这种数码技术只被柯达用于提高胶片的质量而不是直接应用在相机上，这使得柯达的没落成为必然。

习近平总书记说："我们的党是全心全意为人民服务的政党。党领导人民已经取得了举世瞩目的成就，我们完全有理由因此而自豪，但我们自豪而不自满，绝不会躺在过去的功劳簿上。

"新形势下，我们党面临着许多严峻挑战，党内存在着许多亟待解决的问题。尤其是一些党员干部中发生的贪污腐败、脱离群众、形式主义、官僚主义等问题，必须下大气力解决。全党必须警醒起来。

"打铁还需自身硬。我们的责任，就是同全党同志一道，坚持党要管党、从严治党，切实解决自身存在的突出问题，切实改进工作作风，密切联系群众，使我们的党始终成为中国特色社会主义事业的坚强领导核心。"

俗话说："好汉不提当年勇。"一个人过去的辉煌固然是骄傲的资本，但如果一味沉浸其中，依靠美好的幻想过日子，言必称"想当年……"，这样的幻想一日复一日，日久必成疾！这种疾病也许不是致命的，但它一定会使这样的人成为双腿不能前行的"残疾人"。对于党员干部而言，一定不要自满，尤其是在取得了一些成绩的时候。在赢得组织肯定、群众赞誉的时候，千万不要沾沾自喜，裹足不前，那样容易导致盲目乐观、思路狭窄、缺少创新，工作难以打开新局面。自满只能使人停步不前，谦虚才能让人在接受新思想、新知识的过程中不断取得进步。所以，作为党员干部要想成为促进一方发展的带头人，关键就是要克服一个"满"字。只有以扎扎实实的工作作风和对工作认真负责的态度，才能赢得领导和人民群众的信赖。

要真正做到"权为民所用，情为民所系，利为民所谋"，必须克服小进即满、小富即安的小农思想，要认识到"不进步就是在退步"，着力破除坐井观天、闭目塞听的封闭思想，树立放眼世界、洞察未来的开放意识。尤其是当在工作中取得一定成绩时，要清楚地认识到这是党的正确领导和广大干部群众共同努力的结果，切不可把功劳都记在自己头上，一个人躺在功劳簿上自我陶醉。

问题是时代的声音和前行的导向

马克思说："问题就是时代的口号，是它表现自己精神状态的最实际呼声。"在人类历史的长河中，不同的社会时空会出现不同的问题。历史上所有高瞻远瞩的伟大人物，都是因为敏锐地感受到了时代的声音，抓住了时代性问题，才在推动历史进步的同时实现了自己的理想和抱负。

面对问题的概率与机会，对每个党员干部都是均等的。然而"机会总是垂青有准备的人"。问题虽然存在，但是看不到问题则是最大的问题，因此，要善于用脑分析和探究，善于从怀疑中发现问题，敢于怀疑一切。一般情况下，问题是以矛盾的形式体现出来的，矛盾无处不在、无时不有，任何行业领域、任何部门单位、任何工作任务、任何实践活动和思维活动，都不可避免存在这样那样的问题。这些问题，有的是一眼就能看到的，有的则是隐性存在的，需要透过现象经过分析才能认识到，还有一些问题，必须跳出常规才能够发现。

对于党员干部来讲，不管问题是显性的还是隐性的，都需要去仔细剖析内在本质。因此，这就要求必须有扎实的作风，深入基层群众，眼睛朝下，做好实地调查研究，做到贴近实际、贴近生活、贴近群众，掌握基层第一手资料，发现问题症结所在，找到解决问题的有效方法。

当前，我们的事业蓬勃发展，前行的步伐坚实有力，可以说，民族复兴的曙光比任何一个时期都更加彰显，中国梦比任何一个时期都更加现实。

这应该是一个基本判断和基本结论。然而，机遇和挑战并存，发展进步与矛盾问题同在，前进的道路上依然充满各种风险和考验，布满各种荆棘和暗礁。特别是在改革进入深水区之后，各种新情况、新问题层出不穷，大量不确定、不可知的矛盾和问题时刻潜伏着，有的还显得比较突出和尖锐，这是一个需要经常面对的事实。这样的事实告诉我们，脑子里多装一些问题，多一些"问题意识"，多一些"底线思维"，比任何时候都更加重要和紧迫。

没有问题，就没有创新。无数事实告诉我们，没有问题意识，就一个人而言，做不好本职工作，对一个地区和企业来讲，便会严重阻碍科学发展和社会和谐。可以说，离开了问题意识，解放思想、实事求是、与时俱进、求真务实就成了空谈。

问题是时代的声音，是前行的导向，也是改革的起源。三十多年前，正是为了破除影响经济发展的体制机制性障碍，我国开启了以市场经济为取向的各类改革，在问题的引领下，改革不仅稳准实，而且破解了一系列影响经济社会发展的问题，社会活力被充分释放，综合国力大大提升，城乡面貌大大改变，人民生活大大改善。旧问题解决了，新的问题又在产生。当前，我国发展进入了一个新的阶段，影响经济社会全面快速可持续发展的体制机制性问题依然存在。这说明，改革没有完成时，只有进行时，既不可能一蹴而就，也不可能一劳永逸，在"要不要改革"的问题上，没有讨论的余地。突出问题导向，首先必须承认问题，直面问题，解决问题，换言之，必须深刻认识现阶段推进改革的必要性和重要性，理解改革，参与改革，推进改革。

在对《中共中央关于全面深化改革若干重大问题的决定》做出说明时，习近平总书记提到"问题"一词近 50 次，问题催生改革、实践呼唤改革之意不言而喻。改革是一项前无古人的事业，既没有现成的经验可以套用，也没有固定的模式可以照搬，唯一可以"对表"的，是实践中不断变化发展的各种问题。改革的议题由各种各样的问题所决定，改革的路径由问题选择，改革的成果由解决问题的成效来评判。突出问题导向，必须认识到，改革没有所谓的成功模板，也没有僵化的套路，只有根据实践的变化、问题的发展不断做出新的探索，唯有坚持求真务实，实事求是，在问题的引导下不断前行，各项制度才能日臻完善，真正符合实际的需要。

当前，我们面临前所未有的机遇和挑战，新情况接踵而来，新问题层出不穷，客观实际要求各级党员干部必须树立强烈的问题意识。树立问题意识，要求我们必须以问题为导向，发现和了解存在的问题，而这通常以意见或建议的形式表现出来，其中所包含的怀疑和创新精神，尤为可贵。在以色列的一些公司里面，经常会发生员工与老板因为观点不一致而吵得不可开交的现象，但是，争论归争论，工作归工作，辩论结束后，老板并不会因为下属"抗上"而"冷落"他，对他"使绊子"，反而鼓励下属保持独立和创新。正是这样的习惯和氛围，造就了这个国家的 12 位诺贝尔奖得主，让以色列在短短 60 多年里成长为世界上首屈一指的创新国度。

作为领导干部，心里就更应该多装着一些问题意识。这其中既应该看到自身存在的问题、别人身上存在的问题，也应该关心了解群众最希望解决的问题。对待这些矛盾和问题，我们绝不能回避，更不能掩盖。有了问题并不可怕，只要我们的领导干部能够真正安下心来，真正站在群众的立场上去想问题、去解决问题，那么就没有任何解决不了的问题。有一句话说得好："办法总比困难多。"只要我们善于找方法、谋思路，那么一切问题都会迎刃而解！

找问题，找对问题，解决问题

习近平总书记指出："只有立足于时代去解决特定的时代问题，才能推动这个时代的社会进步；只有立足于时代去倾听这些特定的时代声音，才能吹响促进社会和谐的时代号角。"

在一定意义上，工作就是找问题，找对问题并解决问题。工作被动实际上是被问题牵着走，工作主动就是能够有预见性，把工作做在前头。工作做到位，问题才能得到解决；问题解决了，工作就顺势推进。从这个意义上看，能不能直面问题，敢不敢解决矛盾，是党员干部纯洁性的试金石，检验着我们的领导干部有没有担当责任的勇力，有没有做好工作的魄力，有没有服务人民的能力。

在工作中，对待问题常常有这样两种态度：一种是碰到困难避而远之的态度；另一种则是迎难而上，主动寻求解决方法的态度。

遇到问题抱怨者众，愿意思虑者少，能够献计谋者寡，敢于担当者无几，这或许是当下社会普遍存在的现象。

挑毛病、找原因、给方法、担责任，哪个含金量更高？

无疑，发现问题是水平，解决问题才是王道！可以肯定地说，任何领导干部都会格外重视那些能够去解决问题的人。无数事例也都证明，主动找方法解决问题并能找到办法解决问题的人，总是社会的稀有资源。

尽管寻找解决问题的方法很困难，但是只要我们积极努力地去想办法，方法总是会有的。同样，工作中也是这样，遇到困难，只要我们积极思考，总会有方法解决它们。所以当我们遇到难题时，首先就应该坚定这样的信念：方法总比困难多！

2015 年 9 月 29 日的国务院常务会议上，李克强向参会的各部门负责人提出了一项新要求："十一长假后，各部门负责人要亲自带队，组织部里的干部，在不影响正常工作的前提下，下基层深入开展调研！"总理说，"要去基层到一线看一看自己所在行业发生的新鲜事例，了解基层的最新经验。部长们走下去，新经验取上来。"

此前一周，李克强在河南考察期间，所到三个考察点的公司虽然性质不同、业务各异，但它们在基层实践中释放的创业创新活力，给总理留下深刻印象。

其中，许昌长葛鲜易控股有限公司，10 多年前由屠宰场、冷库起家，如今已拥有员工 1.2 万人，年主营业务收入 146 亿元。

在公司的物流广场，一位货车司机告诉总理，自己既是公司的员工，又是"股东"，因为他与公司"四六开"出资购买冷藏货车，也享受运输效益按比例分成。目前全公司这样的车辆占四分之三。

"你这相当于'众筹'啊！"李克强连连称赞，并关切询问他平常运输量怎么样，空驶率有多高。

"我们的空驶率很低，不到 10%。"这位司机说。他介绍，公司在这些车辆上安装了 GPS 设备，随时监控位置和载货情况，常常这边的货还没卸完，下一单任务的指令已经由电脑安排好了。

站在一旁的企业负责人进一步解释，他们不仅监控车辆的位置，还能监控车辆的湿度、温度。他雄心勃勃地计划建立一个冷链资源交易平台，把全国所有冷藏车、冷藏库及冷藏数据集中在一起，降低空驶率，"力争走在全国最前列"。

李克强总理在此次国务院常务会议上，重提考察中的事例，说明在市场主体中蕴藏着"不可想象"的活力。他说，创新创业是中国发展的新钥匙、新动能。

"高手真是在民间啊！基层的创新模式层出不穷，新鲜经验、新鲜事物发展日新月异，我们的相关部门一定要多下去了解新事物、新情况。"总理说，"目前经济转型过程中，一些地方确实出现了干部'不会干'等问题，但基层的创造力给我们上了'生动一课'。"李克强要求各部门要在基层探索中"寻找规律性的东西"，"能够上升到政策层面的，要上升到政策层面，能够形成经验的，要向全国推广"。

有没有遇到问题想着解决问题的责任担当，是对一名党员干部的最好检验。各级党员干部，必须切实弘扬共产党人的担当精神，正视问题，始终把问题视为发展契机而不是阻力羁绊，把解决问题作为前进动力而不是负担包袱，对事业充满满腔热情、对群众需求尽心竭力，危急关头挺身而出，矛盾面前敢于亮剑。

心中有数，脑中有事，手里有牌

习近平总书记在一次谈到当前经济形势时，曾指出"从坏处准备，争取最好的结果"的思想，这是做决策、谋发展的基本遵循。人无远虑，必有近忧。无论做什么工作，忧患意识丢不得，麻痹思想要不得，要有预案，任何时候都学会从"最坏"的可能来设想、来预警，向"最好"的结果去努力、去争取，做到心中有数、脑中有事、手里有牌，既能出招，又能应招，这样，心里才会有底、做事才能有谱，而且即使碰到风浪，也能"任凭风浪起，稳坐钓鱼船"。

1. 心中有数，能全面看问题

人们常说："只要动脑筋，泥土变黄金。"任何事都有两重性，看问题的角度不同，得出的结论也不会一样。换个思路天地宽，遇事多问个为什么，就不会让自己的思维被固有模式所捆绑。

积极的人像太阳，照到哪里哪里亮；消极的人像月亮，初一十五不一样。有什么样的思路决定什么样的出路。因此，当我们遇到什么困难的时候，换个走法又何妨？看看它的另外一面，你可能就会找到更好的答案，帮助你顺利完成任务。所以，在你一筹莫展时，在你走投无路时，一定要换个角度思考一下，看看有没有别的路可走。

本杰明·富兰克林之所以获得很多人的支持，就在于他从不自视甚高。他在自传中说："我立下一条规矩，绝不正面反对别人的意思，也不让自己武断。我甚至不准自己在表达文字上或语言上有过分肯定的意见。我绝不用'当然''无疑'这类词，而是用'我想''我假设'或'我想象'。当有人向我陈述一件我不以为然的事情时，我绝不立刻驳斥他，或立即指出他的错误；我会在回答的时候，表示在某种情况下他的意见没有错，但目前来看好像稍有不同。

"这样，凡是我参与的谈话，气氛变得融洽多了。我以谦虚的态度表达自己的意见，不但容易被人接受，冲突也减少了。我最初这么做时，确实感到困难，但久而久之，就养成了习惯，也许，50年来，没有人再听到我讲过太武断的话。这种习惯，使我提交的新法案能够得到同胞的重视。尽管我不善于辞令，更谈不上雄辩，遣词用字也很迟钝，有时还会说错话，但一般来说，我的意见还是得到广泛的支持。"

通过换位思考，全面看问题，人们就更容易发现自身的缺点和对方的优点，从而更好地沟通。在市场经济条件下，人际交往愈加频繁，我们在处理人际关系的时候，如果能够时常将心比心、设身处地，既为自己着想也要为别人着想，善于利用换位思考的方法客观地看待某些问题，那么相信许多问题就不会成为问题了，最起码问题不会复杂化。

2. 脑中有事，能够有的放矢

对待同样的一件事情，由于年龄、阅历、教育程度等各种各样的原因，每个人的想法可能都是不同的。俗话说，只有一把钥匙开一把锁。有的放矢，才能够使问题得到妥善解决。

有一个故事是这样的：有艘轮船在近海触礁，很快便开始下沉。船上来自几个不同国家的商人，他们根本不知道情况的危急，仍在高枕无忧地谈论着各自的生意。

船长命令大副说："快去告诉那些商人，立刻穿上救生衣逃命！"

过了好一会儿，大副跑回来报告说："他们都坚持不往下跳。"

于是船长亲自去了，几分钟后他回来说："他们全都跳下去了。"

大副既佩服又吃惊，问船长用了什么办法。船长说："很简单，我对英国人说那就像是一种体育运动，于是他跳下去了；我对法国人说那是浪漫的，于是他也跳下去了；我对德国人说那是命令；对意大利人说那不是被基督教禁止的；对苏联人说那是革命行动。"

可见，人面各异，人心遂殊，一个人一个头脑，一个人一种性格，一个人一种经历、学识和技能。千人不同面，二人难同心。怎样让人心甘情愿按照自己的意愿去做，就是设身处地去了解别人的需要，考虑别人的利益，以及如何撩起他们心中真正的渴望。

3. 手里有牌，讲究方式方法

方法很重要。那些成功的人之所以能成功，是因为他们学会了在各种环境中懂得去寻求问题的解决方法，他们不愿意看到自己被困难压垮，更不愿意被问题吓倒。相反，他们总是冷静地去思考，实事求是，从各个角度深入研究问题、分析问题，用自己和大家的才智想方设法寻求解决的办法。所以一个人想要成功，那你就不要畏惧困难，也不要害怕失败，更不要为失败找这样或那样的借口，只要学会找方法，为你的成功去积极地想办法，那么成功就会属于你！

传说古希腊的一位国王想给自己制一顶纯金的皇冠。金匠把制好的皇冠献给国王以后，国王把阿基米德召了进来，要他检验一下这顶皇冠是不是用纯金制造的，但是不许损坏皇冠一丝一毫。这可是个天大的难题，阿基米德冥思苦想很长时间，仍然没有找出解决这个问题的办法。

一天，阿基米德在浴盆里洗澡，当他身体浸入水中之后，突然感到自己的体重减轻了。这使阿基米德意识到水有浮力，而人受到浮力，是由于身体把水排开了。他高兴极了，一下子从浴盆里跳了起来，穿上衣服就跑出去手舞足蹈地高喊："有办法了！有办法了！"

阿基米德立刻进宫，在国王面前将与皇冠一样重的一块金子、一块银子和皇冠，分别放在水盆里，只见金块排出的水量比银块排出的水量少，而皇冠排出的水量比金块排出的水量多。阿基米德自信地对国王说："皇冠里掺了银子！"

国王没弄明白，要阿基米德解释一下。阿基米德说："一公斤的木头和一公斤的铁比较，木头的体积大。如果分别把它们放入水中，体积大的木头排出的水量比体积小的铁排出的水量多。我把这个道理用在金子、银子和皇冠上。因为金子的密度大，银子的密度小，因此，同样重量的金子和银子，必然是银子的体积大于金子的体积，放入水中，金块排出的水量就比银块少。刚才的实验，皇冠排出的水量比金块多，说明皇冠的密度比金块密度小，从而证明皇冠不是用纯金制造的。"金匠因此受到了惩罚。

抓住最佳的地方巧妙地用力，抓住最佳的时机巧妙地拨动，自然可以将本来很难对付的东西，轻易地"啃掉"。我们在工作中，不要害怕任何问题和困难，要知道，凡事必有解决的办法；在做事的时候不要蛮干，要讲究方法和技巧，方法总比问题多，有了方法和技巧，做起事情来往往事半功倍，甚至为扭转乾坤，把不可能变为可能。

随时做好接受失败的准备

"凡事预则立，不预则废。"无数事实说明，谁能为失败做准备，谁就能化险为夷，反败为胜。

前进的道路注定崎岖不平、坎坎坷坷，难免有挫折和失误，也少不了烦恼和苦闷。作为党员干部，理应时刻牢记党的宗旨，把党和人民的利益放在首位，少计较个人得失，尤其是在遇到困难和挫折的时候，在面对误解和委屈的时候，要始终不失忠诚和信仰，不失激情和斗志，兢兢业业，为党和人民开创事业新局面。

胜利油田新春采油厂 239 名员工迎难而上，为国找油的先进事迹，足以让我们深受感动，备受鼓舞。

2009 年 9 月，中国石化对西部探区进行战略调整，将新疆、青海、宁夏等 5 省区 38 个区块 13.5 万平方公里探区交给胜利油田。事实上，这里已是勘探老区。从 20 世纪 50 年代开始，先后有多家国内外石油公司轮番勘探，都没有商业发现，早被贴上贫油的标签，让人感到"老虎吃天，无从下口"。

面对上级党委的殷切期望，胜利油田调集精兵强将，展开联合攻关。地质科研人员从接手的 39 吨地质资料啃起，一沓沓地震资料、一块块地层岩心、一张张地质图表，就像大海捞针一般逐一查阅、研究。勘探专家董臣强索性把铺盖搬到单位，办公室到处铺满地震剖面图，白天晚上连轴转，一张张地对比分析、反复琢磨。同时，油田积极组织实地勘察，跨越天山雪，蹚过碱水河，茫茫戈壁、深深峡谷都留下了他们踏勘的脚印，行程 10 多万公里，取样 4000 多块，观测剖面 200 多条，获取了大量宝贵的一手资料。

在充分研究吃透地质资料的基础上，他们对 38 个区块的地质特点、资源潜力进行梳理筛查，首先把目光聚焦在准噶尔盆地西缘。这一地区历史上曾经打过 13 口井都没有突破，是其他企业舍弃的"边角料"。

他们借鉴东部成熟的勘探理论，创造性提出了"断毯"成藏模式，认为这一地区具有规模成藏的条件。2010 年，在新疆排 601 区块部署的 12 口探井都获得工业油流，当年上报探明石油地质储量 1038 万吨，由此发现春风油田。此后，他们乘胜追击，相继发现了春晖油田、阿拉德油田。原油产量也逐年翻番，从 2010 年 5.5 万吨一路飙升，2014 年产油 87 万吨。2015 年突破百万吨，达到 102 万吨。他们求实创新，勇闯新路，摒弃传统的技术，经过反复优化调试，终于攻克了浅薄层超稠油开发技术难题，形成新的稠油开发配套技术系列，为春风油田的高效开发提供了技术保障。

依照传统模式开发，新春采油厂至少需要 3000 人。怎么走一条新型油公司发展之路呢？他们在优化机构设置的同时，率先开展"标准化设计，模块化建设，标准化采购，信息化提升"的"四化"建设，控制了用工，降低了成本，提高了效率，全面提升了管理水平。

他们以油为业，为油而战，5 年时间建成百万吨级油田，人均年产油 3655 吨，创造了中国石化集团上游企业劳动生产率的新纪录，探索出精干高效的油公司管理模式。采油厂先后荣获山东省文明单位、中国石化红旗采油厂、中国石化先进基层党组织等称号。

习近平总书记强调，各级党员干部在对待党和国家事业上始终保持进取之心，在对待人民赋予的权力上始终保持敬畏之心，在对待个人名利地位上始终保持平常之心，在改革发展稳定中充分发挥先锋模范作用。这"三心"是各级领导干部如何正确对待事业、权力和个人名利地位的鲜明标准，也是引导领导干部如何做人为官的深刻警示。

人在遭遇坎坷和挫折时，最容易情绪低落，自卑自责，迁怪于人，抱怨命运，一蹶不振，等等，如果对这样的心态听之任之，最后的结果就是被永远甩在后面，无出头之日，不但别人看不起你，连自己都会看不起自己了，那又如何谈起我们党员干部要带领群众创业致富这一重要职责呢？

在急、难、险、重任务面前，在突发事件面前，在事业和工作的重重困难面前，作为党员干部绝不能因一时的思想波动而有任何畏难情绪，要鼓起勇气，增强信心，勇敢面对。在遇到困难时，不要急、慌、燥、烦，要采取积极的态度、冷静的心态，沉着地认识和面对问题，还要客观分析，处事果断。要能够正确认识和分析问题的关键，把握问题的关键，把解决问题放在第一位。对于能够及时解决的要制订积极应对方案，认真加以落实解决；对于不能够及时解决的要制订解决问题的计划和时间，一项一项把需要解决的问题按步骤逐一加以解决。最后，要注意积极吸取实际工作中，特别是处理急、难、险、重任务和突发事件过程中的经验做法和有效举措，建立长效机制，推进领导干部处理复杂问题的工作效率，提高领导干部的综合素质和能力。

敢啃硬骨头，敢涉险滩

全力推进改革开放是决定当代中国命运的关键，也是决定实现"两个一百年"奋斗目标、实现中华民族伟大复兴的关键。2013年11月，党的十八届三中全会对全面深化改革进行总体部署，吹响了改革开放新的进军号，开启了全面深化改革的新征程。

全面深化改革，是中国航船破浪前行的动力引擎。我国发展面临一系列突出矛盾和挑战，前进道路上还有不少困难和问题。比如发展中不平衡、不协调、不可持续问题依然突出，科技创新能力不强，产业结构不合理，发展方式依然粗放，城乡区域发展差距和居民收入分配差距依然较大，社会矛盾明显增多，教育、就业、社会保障、医疗、住房、生态环境、食品药品安全、安全生产、社会治安、执法司法等关系群众切身利益的问题较多，部分群众生活困难，形式主义、官僚主义、享乐主义和奢靡之风问题突出，一些领域消极腐败现象易发多发，反腐败斗争形势依然严峻，等等。要破解发展中面临的难题、化解来自各方面的风险挑战，推动经济社会持续健康发展，除了深化改革，别无他途。

当前，我们的改革到了一个新的历史关头。随着改革的深入，牵动的利益越来越多，推进的难度也越来越大，有人将其比喻为：低垂的果子已经摘完，好吃的肉已经吃完，剩下的都是难啃的骨头、难渡的险滩。当前改革还面临着好多"硬骨头"，如果不把这些"硬骨头"一个一个啃下来，我们这场全面深化改革的共识就难以持久。中国改革，不会再是人人皆可得利的普惠制改革，而必须是一场触动既得利益的深层变革。

中国改革从易到难，由体制外的增量改革，带动体制内的存量改革。现在增量改革完成得差不多了，留下的存量改革这块骨头就显得越来越难啃，如果没有敢于担当的精神，没有政治定力，我们是啃不下这块骨头的。在关键的改革节点上，改革者的勇气和担当往往比什么都重要。

习近平总书记强调，在整个社会主义现代化进程中，我们都要高举改革开放的旗帜，绝不能有丝毫动摇。全党要坚定改革信心，以更大的政治勇气和智慧、更有力的措施和办法推进改革。

形势逼人，形势不等人。各级党委和政府必须增强紧迫感和主动性，进一步理清思路、强化责任、奋发有为、真抓实干。中流击水，唯改革者进，唯创新者强，唯改革创新者胜。全面深化改革，是实打实、硬碰硬的攻坚战。

但是，"无论何时，我们都应该爱岗敬业、艰苦奋斗、无私奉献，应坚定勇于承担的信念。"敢于啃硬骨头，敢于涉险滩，是全国劳动模范、"海上铁人"、中海油服钻井事业部湛江作业公司经理郝振山给出的回答。

海洋石油是一个高科技、高投入、高风险的行业，就因为隔着一层海水，对技术和装备的要求更高，投资也大，是陆上油田的4至6倍。改革开放之初国家开启海门与西方石油公司合作时，无论技术、装备，还是资金、人才，都存在巨大差距。郝振山就是在这样的背景下，来到中国海油，来到南海六号钻井平台。在海上钻井平台上，郝振山一干就是20多年。

海上钻井被列为世界上最危险的职业之一。这种危险一方面来自钻探过程中的井喷和油气的易燃易爆，另一方面来自大自然的凶险。据统计，全世界平均每年都会因狂风恶浪或井喷等损失1至2座石油钻井平台，2010年美国墨西哥湾钻井船爆炸倾覆就是一个活生生的例子。而郝振山长年作业的我国南海，是全球台风灾害最多、作业环境最为恶劣的海域之一。

在如此的高风险面前，以郝振山为代表的海洋石油人没有畏惧退缩，他们凭着科学的态度、严细的管理、扎实的作风和高度的责任感，战风斗浪，克服了重重困难，跨过了道道难关！

20多年来，郝振山带领南海二号踏海探油，耕耘于蓝色国土之上，完成了多项高难度钻井作业，创造出许多不同凡响的业绩。他用15年时间，跨越了从甲板工到平台经理的多个台阶，成为具有国际一流水平的钻井平台掌舵人；他用5年时间，把一个老平台打造成员工快速成长的大舞台，锤炼出一支敢打硬仗、善打硬仗的钻井铁军；他多次率队出征东南亚钻井服务市场，与世界强手同台竞技，赢得了"孟加拉湾No.1"的美誉；他率队挺进缅甸和印尼，凭借出色的作业能力，为中国海油打开了东南亚海上油田服务市场。

作为石油人的后代，郝振山身上既传承了"铁人"王进喜等老一辈石油人"宁肯少活20年，拼命也要拿下大油田"的豪迈气概，又展现了新时期共产党员敢闯新路、勇担责任的精神风貌。

改革是创新者的事业，是实干家的舞台。"大胆地试，大胆地闯"，既是改革之初风起云涌的生动写照，也是今天全面深化改革的基本要求。无论是"摸着石头过河"的"试"，还是"敢于啃硬骨头，敢于涉险滩"的"闯"，归结起来就是实干。站在全面深化改革这艘时代巨轮之上，每个领导干部都是站在排头的号子手、奋楫者，想改革、敢改革，更要会改革，要把"三严三实"内化于心、外化于行，厘清思想，拿出行动，一步一个脚印，环环相扣、步步紧跟，持续发力，毫不懈怠，干一件事成一件，一件接着一件干，以实实在在的改革成果取信于民。

久久为功

| 第五章 |
坚定不移走己路

　　"鞋子合适不合适，自己穿了才知道。"习近平总书记说："我对中国发展前景充满信心。为什么有信心？最根本的原因是，经过长期探索，我们已经找到了一条适合中国国情的发展道路，只要我们紧紧依靠13亿中国人民，坚定不移走自己的路，我们就一定能够战胜一切艰难险阻，不断取得新的成绩，最终实现我们确定的目标。"无论搞革命、搞建设、搞改革，道路问题是最根本的问题，只有沿着中国特色社会主义这条康庄大道昂首阔步地向前走，始终充满自信，才能最终到达成功的彼岸。

鞋子合不合脚，自己穿了才知道

　　"鞋子合不合脚，自己穿了才知道"是中国民间流传的一句俗语，鞋子大了，穿上去就空空的，脚在鞋里就会像划船一样，走起来不方便，跑起来不带劲；鞋子小了，就要夹脚，脚挤得难受，让人动弹不得，甚至磨出血泡，无法行走。鞋子合不合脚，穿鞋子的人最有发言权。站在一旁的人，对别人的鞋子指指点点，说三道四，甚至要求别人换鞋子是不合时宜的，只会让人不高兴。"鞋子合不合脚，自己穿了才知道"一句简短质朴又略带幽默的话语却折射出深刻的生活哲理，它让我们学会生活，学会怎样处事。

　　古代有一个郑人买履的故事：郑人有欲买履者，先自度其足，而置之其坐。至之市而忘操之。已得履，乃曰："吾忘持度。"反归取之，及反，市罢，遂不得履。郑人买履"宁信度，无自信"，这种墨守教条主义的举动，让人哭笑不得。"何不试之以足？"为什么不把鞋子穿在脚上试试呢？

　　生活当中，总有些人被各种各样的贪欲推动着，被名和利诱惑着，内心里却忘了是否适合自己，整天搞得自己非常疲惫。殊不知，唯有合适自己的才是最好的。诗人李白，一生狂放不羁，自己也曾经渴望能够在政治上施展才华，但其自身的鲜明个性，以及当时官场的黑暗怎容得下他。最终，他放弃做官，浪迹天涯。从此，才有了"长风破浪会有时，直挂云帆济沧海"的千古名句。正是因为当初李白放弃不适合自己的官场，选择适合自己的平民生活，才最终在中国历史上留下那么多的千古名句，成为名垂千古的大诗人。

　　一个人的生活之路，只有选择适合自己的，才是最好的。每一个人都有自己的标准，要聆听自己内心的声音，穿适合自己的鞋子，走适合自己的路。作为各级领导干部，更要遵循这一规律，在工作中切莫轻信一面之词，不管什么情况，都要做到认真调查，仔细分析，勿错信，也勿不信。采纳有用之建议，加之亲自调查研究，最终才能办成好事、实事，才能真正做到利为民所谋、权为民所用。

　　个人如此，国家亦然。2013 年 3 月 23 日，习近平总书记在莫斯科国际关系学院发表重要演讲时指出：我们主张，各国和各国人民应该共同享受尊严。要坚持国家不分大小、强弱、贫富一律平等，尊重各国人民自主选择发展道路的权利，反对干涉别国内政，维护国际公平正义。"鞋子合不合脚，自己穿了才知道"。一个国家的发展道路合不合适，只有这个国家的人民才最有发言权。

　　习近平总书记用"鞋子合不合脚，自己穿了才知道"这句人人都能听懂的朴实话语，让人倍感亲切，自然得体，同时，也揭示了一个国家的发展道路犹如一个人穿的鞋子，合不合适，只有这个国家的人民最有发言权。

　　一个国家选择什么样的发展道路，不能由外界定夺和强加。道路关乎党的命脉，关乎国家前途、民族命运、人民幸福。近代以来，面对中华民族的深重灾难，无数仁人志士对"走什么路"的问题进行过长期艰辛探索，但都未能找到满意答案。中国共产党的诞生，带领中国人民踏上了争取民族独立、人民解放的历史征程。改革开放三十多年来，中国共产党带领和团结全国各族人民，坚定不移高举中国特色社会主义伟大旗帜，既不走封闭僵化的老路，也不走改旗易帜的邪路，从"摸着石头过河"到逐步实现社会主义现代化建设，中国特色社会主义道路的吸引力、凝聚力不断增强，中国所取得的成就令世人瞩目。实践证明，中国特色社会主义道路是中国共产党和中国人民在长期革命、建设和改革开放事业中所做出的历史抉择，是中国人民团结奋斗走出来的，是中国人民的选择，是适合中国国情的，我们一定要坚定不移地走下去。

鞋子是紧是松，是软是硬，最有发言权的当属我们的脚，因为脚的存在，我们可以更好地判断一双鞋子是否合适，能否耐穿。因此别人说的不算，只能脚说的算，我们要重视脚的感受。只有走中国人民自己选择的道路，走适合中国国情的道路，最终才能走得通、走得好。

每个国家都有权利选择适合本国发展的道路，正如世界上没有两片完全相同的树叶。个别国家认为自己的"鞋子"适合所有的国家，并且鼓动别的国家都要"穿"。可是，强行穿上甚至被强迫穿上"不合脚的鞋"很可能会把脚弄疼，把路走偏。过去20多年，一些国家盲目地或者在西方压力下照搬西方的政治、经济和金融模式，是造成这些国家社会动荡、经济濒临崩溃的原因之一。事实上，一些西方国家把自己的"鞋"兜售给别国，为的是自己的战略利益，"穿西方鞋"的国家如果选出的政权和领导人不合西方的胃口，会被指责为"鞋穿走样了"。

回顾近代以来波澜壮阔的中国历史，展望中华民族充满希望的未来，我们得出一个坚定的结论，那就是前进的道路注定不会平坦，中国要穿着"合脚的鞋子"去追逐"中国梦"，还要跨过不少的坎儿。全面建成小康社会，加快推进社会主义现代化，实现中华民族伟大复兴，必须坚定不移走中国特色社会主义道路。

美国有"美国梦"，中国有"中国梦"

习近平总书记2012年11月29日在参观《复兴之路》展览时提出"实现中华民族伟大复兴，就是中华民族近代以来最伟大的梦想"。无独有偶，美国总统奥巴马于2012年11月6日发表演讲时也表示，每个人都有追求个人幸福权利的这一信念，也就是所谓的"美国梦"。

"美国梦"对美国人来说，意味着只要你努力工作，可以成就一切。许多影片中都有这样的镜头：那些从欧洲或其他地方跑出来准备到美国开辟新生活的各色人等，在船上终于看到自由女神或者世贸双塔，于是欢呼雀跃，精神百倍。

这种梦想的内涵，与"美国梦"的由来、演变息息相关：从300多年前一部分英格兰移民乘坐"五月花号"木帆船横穿大西洋来到美洲寻找新大陆，想找一块"净土"和北美殖民地人民反对英国统治者的独立战争的胜利，"给每一个人均等的机会，只要努力奋斗，都可以实现自己的梦想"早期的只属于欧洲移民而不属于被杀戮的北美印第安人的美国梦悄然萌芽。1863年的《解放宣言》，为"美国梦"的形成构建了精神和物质支撑，从欧洲来的移民中，涌现出了爱迪生、洛克菲勒、福特等不少出身贫寒、依靠个人奋斗成功的传奇人物，也使得"美国梦"有了新的内涵。

1933年，亚当斯出版了其著作《美国史诗》，其主题是"让每一个阶层的公民都能过上更好、更富裕和更幸福的生活的美国梦"，第一次明确提出

"美国梦"。当时美国正处在世界经济危机及其引发的大萧条的关键时刻，亚当斯提出的"美国梦"感染、激励了很多人。

被称为20世纪美国最伟大的两个总统罗斯福和里根也都被视为"美国梦"的代表。罗斯福赢得了第二次世界大战的胜利，带领美国度过了经济大萧条。出身贫寒的里根三次参加总统竞选并以69岁高龄当选，被认为是"美国梦"的完美体现。当然，黑人牧师马丁·路德·金的著名演讲《我有一个梦》，也激起不少美国人对"美国梦"的认同和向往。

而到了21世纪，随着信息化时代的到来，比尔·盖茨、乔布斯、Facebook的创始人扎克伯格以及Google的创始人拉里·佩奇、谢尔盖·布林等，他们凭借自己的智慧，成了当今时代"美国梦"的新偶像。

奥巴马在2006年出版了《无畏的希望：重申美国梦》一书，讲述了自己奋斗故事。2012年9月，其夫人米歇尔·奥巴马发表演说称赞丈夫实现了"美国梦"，并将帮助其他人实现梦想。从林肯、里根再到奥巴马，这些美国总统都在通过"美国梦"向全世界宣扬美国的价值观。

反观"中国梦"，诞生于中华民族伟大复兴的进程中，是千年的回想、百年的渴望。有着悠久灿烂文明、长期居于世界文明发展的先进行列的中国，近代以来遭受了深重的苦难、付出了巨大的牺牲，辉煌不再，尊严难立。从19世纪40年代开始，侵略者的枪炮把中国人从天朝大国的迷梦中惊醒，从英国人挑起鸦片战争到八国联军火烧圆明园，中华民族的民族意识与民族精神再次被唤醒。1843年，魏源在其出版的《海国图志》一书中提出"师夷长技以制夷"的思想；1894年，孙中山在檀香山创立兴中会，立誓"驱除鞑虏，恢复中华，创立合众政府"；1902年，梁启超发表《新中国未来记》，展现出了他对中国未来的梦想和期待；1917年至1920年期间，孙中山所著的《建国方略》，提出火车进藏、建三峡水库和世界级港口、对外开放、渐进民主等，全面规划大中华民主富强现代化的方略……他们的"中国梦"也是民族复兴之梦，但最终都没能真正实现。

1921年中国共产党成立后，在中华大地掀起了一场前所未有的彻底反帝反封建的民主革命。1941年，共产党人毛泽东在陕甘宁边区参议会的演说中提出："全国都要有人身自由的权利，参与政治的权利和保护财产的权利，全国人民都要有说话的机会，都要有衣穿、有饭吃、有事做、有书读，总之要各得其所。"1949年新中国成立，掀开了在中国共产党领导下为实现国家繁荣富强、人民共同富裕而奋斗的新篇章。1961年，毛泽东在与英国元帅蒙哥马利谈话时指出："在我国，要建设起强大的社会主义经济，我估计要花一百多年。"1962年，他在七千人大会上又强调说："中国要赶上和超过世界上最先进的资本主义国家，没有一百多年的时间，我看是不行的。"这是中国共产党人提出的新的"中国梦"；1984年，邓小平会见参加中外经济合作问题讨论会全体中外代表时谈道："我们第一步是实现翻两番，需要二十年，还有第二步，需要三十年到五十年，恐怕是要五十年，接近发达国家的水平。两步加起来，正好五十年至七十年。"这是改革开放后的"中国梦"。

随着改革开放的深入，"两个百年"目标逐渐清晰。从20世纪80年代现代化发展"三步走"战略，到党的十五大将其具体化提出"两个百年目标"，从"翻一番实现温饱"到"翻一番达到小康"，从"21世纪中叶达到中等发达国家水平"到"本世纪中叶建成社会主义现代化国家"，从"建设小康"到"建成小康"……"两个百年目标"成为实现"中国梦"的中心任务和核心环节。

回首"中国梦"100多年来的演变过程，我们可以发现，"中国梦"与"两个百年"目标是朝着同一个方向和目标在努力。

"中国梦"与"美国梦"有着本质的区别在于：中国梦是国家的富强，美国梦是个人的富裕；中国梦的目的是民族振兴，美国梦的目的是个人成功；中国梦必须由中国人自己来实现，美国梦可以利用其他国家的人才资源达到；中国梦是群体的和谐幸福，美国梦是个人的自由和快乐；中国梦具有纵深的历史感，美国梦只有现实的体验；中国梦依赖群策群力，美国梦靠的是个性张扬；中国梦是为了民族光荣，美国梦是为了个人荣耀。

还要明确一点，美国梦经历沿革，中国梦也是动态的。随着社会的进步，人们的期望也会改变的，梦想也会不同。

但是说一千，道一万，实现中国梦还得靠实干。中国梦，不只是国家领导人的梦，不只是各级干部队伍的梦，不只是少数人的梦，而是全体中国人的梦。因此，实现中国梦，不但是人人有份，更是人人有责。一个人如果没有梦想，就会浑浑噩噩，懒懒散散，死气沉沉，难成大器，难有作为；一个国家如果没有梦想，就会庸庸碌碌，精神不振，目标短浅，行之不远。所以，实现中国梦，首先要有中国心。无论是领导干部，还是普通公民，国家兴旺，匹夫有责，实现中国梦，责无旁贷。只有每个中国人都各司其职，奋发有为，努力工作，埋头苦干，无私奉献，统一思想，振奋精神，集思广益，群策群力，心往一处想，劲往一处使，向着一个伟大的目标努力，中国梦就一定能够实现。

走自己的路，坚持"三个自信"

信心是尊贵的信仰，是无坚不摧的力量。

"自信人生二百年，会当击水三千里。"执政需要自信，贵在自信。坚持"走自己的路，让别人说去吧"，这既是一种自信，也是一种定力。习近平总书记说："我对中国发展前景充满信心。为什么有信心？最根本的原因是，经过长期探索，我们已经找到了一条适合中国国情的发展道路，只要我们紧紧依靠13亿中国人民，坚定不移走自己的路，我们就一定能够战胜一切艰难险阻，不断取得新的成绩，最终实现我们确定的目标。"无论搞革命、搞建设、搞改革，道路问题是最根本的问题，只有沿着中国特色社会主义这条康庄大道昂首阔步地向前走，始终充满道路自信、理论自信、制度自信，才能最终到达成功的彼岸。

1. 坚定道路自信

道路关乎党的命脉，关乎国家的前途、民族的命运、人民的幸福。习近平总书记指出，改革开放以来，我们总结历史经验，不断艰辛探索，终于找到了实现中华民族伟大复兴的正确道路，取得了举世瞩目的成果。这条道路就是中国特色社会主义。

历史照亮现实——"独特的文化传统，独特的历史命运，独特的基本国情，注定了我们必然要走适合自己特点的发展道路""中华民族是具有非凡创造力的民族，我们创造了伟大的中华文明，我们也能够继续拓展和走好适合中国国情的发展道路"……在一百多年的历史进程中，中国人曾经面临着走什么样道路的选择：要么照搬英美模式，走资本扩张的西方现代化道路；要么照搬苏联模式，走高度集权的东方现代化道路；要么与资本主义世界完全对立，走自我封闭的所谓现代化道路。如此种种探索、试验，最终无不归于失败，唯有中国共产党带领全国各族人民在改革开放实践中探索出的中国特色社会主义道路，才使中国真正走上了富强民主文明和谐的现代化征途。

中国特色社会主义道路，是实现社会主义现代化的必由之路，是创造人民美好生活的必由之路。改革开放30多年来，我国社会主义现代化建设取得举世瞩目的成就，人民生活水平不断提升，科技文化快速发展。2015年9月20日，我国新型运载火箭长征六号在太原卫星发射中心点火发射，成功将20颗微小卫星送入太空。此次发射任务圆满成功，不仅标志着我国长征系列运载火箭家族再添新成员，而且创造了中国航天一箭多星发射的新纪录。当前，开放的中国、和平的中国、崛起的中国与西方国家的普遍停滞与衰退给世界人民留下了鲜明而深刻的印象。

这一切，关键就在于我们党高举中国特色社会主义伟大旗帜，"既不走封闭僵化的老路，也不走改旗易帜的邪路"，而是在人民群众伟大实践中不断开创中国特色社会主义的新路。

正如党的十八大报告深刻指出："道路关乎党的命脉，关乎国家前途、民族命运、人民幸福。"党的十八大报告也明确提出：确保到2020年全面建成小康社会的宏伟目标。从"全面建设"到"全面建成"，不仅表达了我们党在坚持中国特色社会主义道路方面的坚定与自信，而且反映了中国特色社会主义道路在实践中的不断拓展。全面建成小康社会的奋斗目标，赋予中国特色社会主义道路更加丰富的内涵和更加明确的任务。

有权威报告预言，到2020年中国将会超过美国成为世界第一大经济体，并且在国际政治中也日益发挥关键作用。在新的历史征途上，我们一定要进一步坚定"道路自信"，坚持和发展中国特色社会主义道路不动摇。只要我们按照党和国家的要求，沿着这样的方向和思路坚持不懈地干下去，并且不断取得实实在在的成效，就一定能够实现既定的奋斗目标。

2. 坚定理论自信

理论上的成熟是政治上坚定的基础，理论上的与时俱进是行动上锐意进取的前提。思想是行动的先导，没有科学的理论，就不会有科学的行动。

中国特色社会主义理论体系，是我们全面建成小康社会与建成富强民主文明和谐社会主义现代化国家的行动指南，全党要坚定这样的理论自信。

理论自信，源于这一理论体系是我们党长期探索的伟大理论创造。与实践发展历程一样，中国特色社会主义理论体系，是经过艰辛探索创立的，既有坚实的实践基础，又有深厚的理论渊源。中国特色社会主义理论体系，既继承了毛泽东思想又超越了毛泽东思想，把马克思主义中国化推向一个新的发展阶段。

理论自信，源于这一理论体系具有独特的理论品格。马克思主义中国化，是随着时代的变化和实践的发展阶段式向前推进的过程。马克思主义中国化两次历史性飞跃，鲜明地体现了马克思主义中国化的本质与规律。

第一次飞跃，主要是在帝国主义战争和无产阶级革命深入发展的时代条件下与社会实践中进行的。这次飞跃所解决的核心问题是在半殖民地半封建的中国进行什么样的革命、怎样进行革命这一根本问题，成功开辟了一条中国特色新民主主义革命道路，并初步探索了社会主义建设道路。这次历史性飞跃，形成了毛泽东思想这一伟大成果。

第二次飞跃，是在世界格局发生重大变化，和平与发展的时代主题日渐形成并深入发展的时代条件下和社会实践中进行的。这次飞跃所解决的核心问题是在社会主义初级阶段的中国建设什么样的社会主义、怎样建设社会主义以及建设什么样的党、怎样建设党，实现什么样的发展、怎样发展等重大理论和实际问题，成功开辟了一条中国特色社会主义建设道路。这次历史性飞跃，形成了中国特色社会主义理论体系。

由两次历史性飞跃相互之间的逻辑关系，不难得出这样的结论：毛泽东思想为中国特色社会主义道路的开拓和理论体系的形成奠定了思想理论基础，但是由于时代和历史的局限，在毛泽东思想体系中没有明确形成中国特色社会主义理论。中国特色社会主义理论体系，是在改革开放新时期明确形成并不断丰富完善的，把马克思主义中国化推向了一个新的发展阶段。我们之所以有理论自信，最根本的就在于它既破除了对马克思主义的教条式理解，又抵制了抛弃社会主义基本制度的错误主张；既坚持了科学社会主义基本原则，又具有鲜明的时代特征和中国特色；既继承了前人的经验，又创新了内容，开拓了马克思主义新境界，是深深扎根于中国大地、符合中国实际的当代中国马克思主义。

理论之树之所以常青，是因为有实践的沃土不断滋养孕育。理论自信源于中国梦为这一理论体系赋予了新内涵。实践发展永无止境，认识真理永无止境，理论创新永无止境。

党的十八大后，习近平同志站在时代发展的战略高度，立足国际国内发展全局，围绕"两个一百年"奋斗目标，提出要实现伟大民族复兴中国梦，提出"四个全面"的战略布局。"四个全面"各有其深意，而相互之间又密不可分。全面建成小康社会是党的十八大提出的总目标，关键点就是实现人民的美好生活，提高人民的收入水平和生活水平，这是"四个全面"战略布局的出发点，也是落脚点。全面深化改革，关键点是市场要作为，要在资源配置中起决定性作用，同时，政府更好地发挥宏观调控的作用。全面依法治国，要把权力关进笼子里，要切实保障人民的公民权益。全面从严治党，关键是干部制度的改革和完善。如大鹏之两翼、战车之两轮，全面深化改革与全面推进依法治国则共同推动全面建成小康社会奋斗目标顺利实现，全面深化改革是全面小康社会的动力，而依法治国则是全面小康社会的保障。这个过程中，全面从严治党则是各项工作顺利推进、各项目标顺利实现的根本保证。

"四个全面"战略布局的形成和提出经历了一个过程，体现了我们党在治国理政中对战略目标、战略重点和战略举措认识的不断深化；体现了我们党对共产党执政规律、社会主义建设规律和人类社会发展规律的新认识。相信在这一科学理论的指导之下，中国梦不久之后将不再是梦想，而是会变成实实在在的现实。

3. 坚定制度自信

制度，是一个国家的根本和基础。新中国成立六十多年取得的成就，得益于中国特色社会主义制度的建立。中国特色社会主义制度的优越性，就是我们战胜一切艰难险阻、实现中华民族伟大复兴的最有力保障。

中国特色社会主义制度，就是"人民代表大会制度的根本政治制度，中国共产党领导的多党合作和政治协商制度、民族区域自治制度，以及基层群众自治制度等基本政治制度，中国特色社会主义法律体系，公有制为主体、多种所有制经济共同发展的基本经济制度，以及建立在这些制度基础上的经济体制、政治体制、文化体制、社会体制等各项具体制度"。

《纽约时报》著名专栏作家、《地球是平的》一书作者托马斯·弗里德曼，在其新书中专门设立了一个章节，叫作"让我们做一天中国"。这是他在看到"美国体制"存在很多严重问题，向世界发出"美国有可能在不断的内耗中难以真正有效地面对 21 世纪的挑战"的担忧，从而对"中国制度"产生了浓厚的兴趣。

制度，是发展进步的动力之源。从"杀出一条血路来"的探索实践到全面深化改革战略部署，从小康梦到中华民族伟大复兴的中国梦，中国特色社会主义制度在不断发展中日益凸显其旺盛生命力和巨大优越性。30 多年来，我们不仅实现了上九天揽月、下五洋捉鳖的梦想，而且完成了运算速度达到每秒亿亿次的超级计算机——"天河二号"等高科技项目，还建成了青藏铁路、京沪高铁、京广高铁、西气东输，以及世界上最大的电信网络等举世瞩目的建设项目。我们用了 30 多年时间，使中国经济总量跃居世界第二，13 亿多人摆脱了物资短缺，总体达到小康水平，享有前所未有的尊严和权利。这不仅是中国人民生活的巨大变化，也是人类文明巨大进步，更是中国对世界和平与发展事业的重要贡献。中国制度既遵循科学社会主义的基本原则，又切合中国的发展实际，符合历史发展规律，符合中国最广大人民的根本利益，因而具有强大的生命力。

对此，德国原总理施罗德深受感触，他在参加上海磁悬浮列车的启用仪式时，接受媒体访问："为什么德国西门子公司生产的列车最终由中国而不是德国购买并投入使用？"

施罗德答道："因为德国修建这样的项目有太多争议，首先是费用，其次是环境，还有许多问题需要顾及。中国则不同，中国由政府决策，如果有需要，那么就修建。在中国，政府代表人民的利益，为人民服务。"这种集中力量办大事的优势在今后中国的发展中还会进一步显现出来。在社会主义道路的指引下，我们先后建立了城镇居民基本医疗保险制度、新型农村合作医疗制度、农村最低生活保障制度等，让全体人民实现了"老有所终，壮有所用，幼有所长，鳏、寡、孤、独、废疾者皆有所养"的和谐局面。

可见，社会主义制度与资本主义制度相比较而言，其最大的优越性就是我们能够战胜一切艰难险阻、夺取全面建成小康社会新胜利的最大政治优势，促进生产力的快速发展。作为党员干部，坚持社会主义制度的最好回答就是做好自己的本职工作，将对社会主义制度的自信根植于自己行动中，为社会主义的发展做出自己应有的贡献。

"只有扎根本国土壤、汲取充沛养分的制度，才最可靠、也最管用。"习近平总书记在庆祝全国人民代表大会成立 60 周年大会上发表重要讲话时做出的重要论断，掷地有声。

总之，有自信，就有锐意进取的精气神和砥砺奋进的驱动力。只有不断增强道路自信、理论自信、制度自信，凝聚实现民族复兴的磅礴力量，夯实托举梦想的发展基础，铺平成就梦想的发展道路，才能在新的伟大实践中交出出色的答卷。我们坚持走自己的路，具有无比广阔的舞台，具有无比深厚的历史底蕴，具有无比强大的前进定力。

与时俱进：党为什么能永葆生机和活力

"与时俱进"集中体现了中华民族的哲学智慧。《周易》强调，"日中则昃，月盈则食。天地盈虚，与时消息"，要求人们"终日乾乾，与时偕行"，做到"穷则变，变则通，通则久"，"引重致远，以利天下"。这是我国古人观察宇宙的运动变化而得出的结论。这一思想在古代儒家、道家、法家和兵家等各家各派的许多著作中时有出现，分别表述为"与世推移""与时推移""与时俱化""因时制宜""因时变法""时移事迁""审时度势""应时达变"，等等。"与时俱进"同这些表述既同属一源，词义相近，又博采众长，赋有新意。

马克思主义的根本立场、观点和方法具有普遍性真理性，而马克思主义关于社会变革和发展的具体思想又"随时随地都要以当时的历史条件为转移"，随着时代的变化和实践的发展而不断创新发展。与时俱进是马克思主义理论的优秀品格，不断创新是马克思主义的活力所在。

马克思、恩格斯本人就是这种与时俱进的典范。在《共产党宣言》发表 25 年后，马克思、恩格斯在 1872 年德文版序言中指出："由于最近 25 年来大工业有了巨大发展而工人阶级的政党组织也跟着发展起来，由于首先有了二月革命的实际经验而后来尤其是有了无产阶级的第一次掌握政权达两月之久的巴黎公社的实际经验，所以这个纲领现在有些地方已经过时了。"在这以后，几乎每一时期出版的《共产党宣言》的序言中，他们都根据新的实践对理论做了新的修订和补充。这也说明马克思主义的立场、观点和方法具有普遍指导意义，但这并不意味着马克思主义每一个具体观点和结论都不会过时。马克思主义的实践性告诉我们，要保持理论的科学性，就必须在实践中坚持和发展马克思主义。对于中国共产党人来说，就是要把马克思主义的基本原理同中国革命、建设和改革的具体实际相结合，不断推进和实现马克思主义的中国化。

办好中国的事情，关键在党。中国共产党具有与时俱进的执政品质和能力，党的一切思想、方针政策都是从实际出发，实事求是，从不照抄照搬任何所谓的"真理"。虽然在探索的过程中充满荆棘，甚至付出过惨重代价，但是由于中国共产党具有与时俱进的执政品质，所以能及时修正错误，这也是中国共产党始终得到人民群众支持、立于不败之地的重要原因。犯了错误就及时纠正，这不是哪一个政党都愿意做、都能做到的。

比如，在经历了"反右""大跃进"到"文革"的惨痛之后，历史走到 20 世纪 70 年代末，中国又面临着一个重大的历史转折关头。中国向何处走？以邓小平为代表的中国共产党人，根据中国发展的实际以及世界形势的变化，及时将党的工作重心进行了转移，从"以阶级斗争为纲"转向

"以经济建设为中心"。

30多年前，邓小平曾经告诫全党："一个党，一个国家，一个民族，如果一切从本本出发，思想僵化，迷信盛行，那它就不能前进，它的生机就停止了，就要亡党亡国。"这句警言告诉大家，办事不能僵化，要实事求是，一切从实际出发，这是党的指导思想，更是党的生命线。中国共产党能够发展壮大，实现身份的华丽转变：由革命党变为执政党，并且能够长期执掌政权，坚如磐石，它是怎样做到的呢？事实上，20世纪初期，世界上有10多个共产党组织与中国共产党同年建党，90年过去了，只有中国共产党取得了社会主义的巨大成功。

当今世界存在4000多个政党组织，很少有一个政党能够长期执政一个国家，从发达国家到发展中国家，走马灯似的政党轮流上台让人眼花缭乱，唯有中国共产党做出了不同的回答。

在现实中国的历史条件下，没有哪一个政治力量能够取代中国共产党的历史价值和作用。中国共产党领导中国革命，之所以能由小到大，由弱到强，就是因为有一种与时俱进精神。

2012年11月，以习近平同志为总书记的党中央接过历史的接力棒。面临着祖国的复兴大业，面临着诸多新形势、新矛盾、新机遇、新挑战，党中央再一次对自己的理论布局做出了调整，"四个全面"的提出确立了新形势下党和国家各项工作的战略方向、主攻目标，"四个全面"相辅相成、相互促进、相得益彰，是我们党治国理政方略与时俱进的新创造、马克思主义与中国实践相结合的新飞跃，开辟了我们党治国理政的新境界。

始终保持与时俱进的精神状态，正是审时度势，对国际国内两个大局发生深刻变化的回应，是实现中华民族伟大复兴的新要求。

天行健，君子以自强不息。正是具有了与时俱进的探索品质，才确保了中国共产党的领导一直坚持科学的规律，依法、科学、民主执政。与时俱进，是一种积极的人生态度，是共产党人应有的精神状态，更是中华民族实现伟大复兴的根本要求。

带着这样的品质，今天，我们在探索；未来，我们将继续探索下去。只有这样，党的生命力才永远不会消失，党的荣誉才会永远闪光。

不要错误地认为社会主义没有出路

近代中国历史的发展，证明了一个颠扑不破的真理：只有社会主义能够救中国，只有社会主义能够发展中国，中国不可能走上资本主义的道路。但是，由于西方反共势力一直没有停止"西化"和"分化"社会主义中国的野心，加之由于一些党员干部理想信念不够坚定，也使得一些人对西方国家的制度和生活方式产生羡慕，对社会主义失去信心。

特别是一些领导干部在巨大的利益诱惑面前经不起考验，其价值观、人生观发生了巨大的畸变，产生了严重的信仰危机，认为"走社会主义道路没有出路"。别看这些人当的是共产党的官，但是，在面对西方资本主义的诱惑时，心里却在这样想着：原苏联和原东欧的昨天就是中国的明天，中国已经在变，当然不会像它们那样"突变"，而是在"渐渐地变"，所以什么共产主义信念，什么社会主义的前途，统统都是假的……应该说，这样的心态在贪官污吏中具有一定的普遍性、代表性。

中国改革开放以来第一个被判处死刑的副省级高官、江西省原副省长胡长清曾对移居国外的儿子说"总有一天中国会不行的""有两个国籍，将来就有余地了"。为此，胡长清全家都办了化名身份证和因私出国的护照，准备一有"风吹草动"时就开溜国外。20世纪90年代，因巨额受贿一审判处死刑、二审判决死缓的泰安市原市委书记胡建学，曾经对其部下私下说："走社会主义道路没有出路。"号称"河北第一秘"的李真则想得更远："与其一旦江山易手，自己万事皆空，不如权力在握之时及早做经济准备"……

在这些贪官的眼里，既然共产主义在中国"不可能实现"了，既然走社会主义已经"没有出路"了，既然"总有一天中国会不行的"，又何必为它鞠躬尽瘁，死而后已呢？又何必去全心全意为人民服务呢？又何不趁自己有权时狠狠地捞上一笔呢？于是，他们忘记当初入党时的誓言，想到的是赤裸裸的一个钱字；于是，他们认为："政治是虚的，理想是远的，权力是硬的，票子是实的；去掉虚的，扔掉远的，抓住硬的，捞到实的"；于是，"理想理想，有利就想；前途前途，有钱就图"；于是，一个理想的共产主义者变成了腐败分子，发了疯似的捞钱，捞了钱以后转移到国外……

正是由于这种对社会主义缺乏信心的悲观心态，使这类当官者的"官念"发生了根本性变化，封建主义特权意识、"官本位"观念乘虚而入，拜金主义便恶性膨胀，从政不是为人民，当官不是为百姓、为社会，自己当官仅仅是为了出人头地，将权力作为发家致富的资本，用权就是为了捞钱，就是为了捞名捞利，因而不捞白不捞，捞了就白捞，于是只要有机会、有条件、有空子就拼命地捞。正是在这种不良的心态下，这些高官腐败了，堕落了，为人所不齿。

风物长宜放眼量。当前，世界社会主义运动不仅顶住了东欧剧变的巨大冲击，而且得到了一定程度的恢复和发展。首先是中国、古巴、越南、朝鲜、老挝等社会主义国家在东欧剧变后顶着前所未有的压力，正在积极探索适合本国国情的社会主义道路。特别是占世界人口五分之一的中国，坚持社会主义方向，坚持改革开放，取得了巨大的成就。中国特色社会主义的腾飞，使世界社会主义重新燃起振兴的希望。其次是世界研究马克思主义的热潮在悄然兴起，在英国广播公司举办的评选中，马克思排在爱因斯坦之前，荣获"千年最伟大思想家"称号。有关马克思主义的研究协会已多达 1000 多个。一些世界著名学者还公开自称是马克思主义者。马克思主义的重新传播成为当今世界国际政治中一道亮丽的风景线。还有，在一些原社会主义国家，社会主义力量正在重新集聚。从一定意义上讲，世界社会主义运动已经开始走出低谷，并逐步走向复兴。

坚持社会主义方向，走中国特色社会主义道路，是中国共产党和中国人民在长期奋斗中得出的历史结论。我们应该倍加珍惜。要始终坚持党的基本路线不动摇，矢志不移地沿着中国特色社会主义伟大道路继续前进。

成功之路无法复制，走自己的路

2015 年 9 月 22 日，在美国华盛顿州西雅图市出席华盛顿州当地政府和美国友好团体联合会举行的欢迎宴会上，习近平总书记并发表了演讲，他说：

"新中国成立以来特别是改革开放以来，中国走过了一段很不平凡的历程，我们这一代中国人对此有着切身的体会。

"上世纪 60 年代末，我才十几岁，就从北京到中国陕西省延安市一个叫梁家河的小村庄插队当农民，在那儿度过了 7 年时光。那时候，我和乡亲们都住在土窑里、睡在土炕上，乡亲们生活十分贫困，经常是几个月吃不到一块肉。我了解乡亲们最需要什么！后来，我当了这个村子的党支部书记，带领乡亲们发展生产。我了解老百姓需要什么。我很期盼的一件事，就是让乡亲们饱餐一顿肉，并且经常吃上肉。但是，这个心愿在当时是很难实现的。

"今年春节，我回到这个小村子。梁家河修起了柏油路，乡亲们住上了砖瓦房，用上了互联网，老人们享有基本养老，村民们有医疗保险，孩子们可以接受良好教育，当然吃肉已经不成问题。这使我更加深刻地认识到，中国梦是人民的梦，必须同中国人民对美好生活的向往结合起来才能取得成功。

"梁家河这个小村庄的变化，是改革开放以来中国社会发展进步的一个缩影。我们用了30多年时间，使中国经济总量跃居世界第二，13亿多人摆脱了物资短缺，总体达到小康水平，享有前所未有的尊严和权利。这不仅是中国人民生活的巨大变化，也是人类文明的巨大进步，更是中国对世界和平与发展事业的重要贡献。

"同时，我们也清醒地认识到，中国仍然是世界上最大的发展中国家。中国的人均国内生产总值仅相当于全球平均水平的三分之二、美国的七分之一，排在世界80位左右。按照我们自己的标准，中国还有7000多万贫困人口。如果按照世界银行的标准，中国则还有两亿多人生活在贫困线以下。中国城乡有7000多万低保人口，还有8500多万残疾人。这两年，我去了中国很多贫困地区，看望了很多贫困家庭，他们渴望幸福生活的眼神深深印在我的脑海里。

"这些情况表明，中国人民要过上美好生活，还要继续付出艰苦努力。发展依然是当代中国的第一要务，中国执政者的首要使命就是集中力量提高人民生活水平，逐步实现共同富裕。为此，我们提出了'两个一百年'奋斗目标，就是到2020年实现国内生产总值和城乡居民人均收入比2010年翻一番，全面建成小康社会；到本世纪中叶建成富强民主文明和谐的社会主义现代化国家，实现中华民族伟大复兴。我们现在所做的一切，都是为了实现这个既定目标。实现全面建成小康社会，必须全面深化改革、全面依法治国、全面从严治党。这是我们提出的'四个全面'战略布局。"

在习近平总书记的讲话中，用"小故事"阐释"大道理"的方式系统地阐述了中国的发展之路，阐述了他的执政理念，以及中国执政者的首要使命，那就是提高人民生活水平逐步实现共同富裕。

回想改革开放以来的 30 多年，我们在马克思主义中国化的道路上与时俱进，实现了新的历史性飞跃，推动着实践创新发展，创造了世人惊叹的中国奇迹。正是因为 30 多年来坚持走中国特色社会主义道路，我国获得了自近代以来从未有过的长期快速稳定发展，神州大地正发生着日新月异的变化。面对一系列严峻挑战和重大困难，我们都成功应对、化危为机、开创新局。事实无可辩驳地证明，中国特色社会主义道路是完全正确的，它既坚持了科学社会主义的基本原则，又根据我国实际和时代特征赋予其鲜明的中国特色。在当代中国，坚持中国特色社会主义道路，就是真正坚持社会主义。

党的十八大后，习近平总书记提出和深刻阐述了民族复兴中国梦，这是着眼坚持和发展中国特色社会主义提出的重要战略思想。这一重要战略思想，反映了近代以来一代又一代中国人的美好夙愿，进一步揭示了中华民族的历史命运和当代中国的发展走向，指明了全党全国各族人民共同的奋斗目标。

习近平总书记关于民族复兴中国梦的基本思想观点，打开了理论创新发展的宽广视野，为中国特色社会主义理论体系注入了新的时代精神和鲜活力量。作为国家建设中流砥柱的广大党员干部，要树立崇高的理想信念，让"个人梦"紧随"中国梦"的脚步，把个人梦想融入"中国梦"之中，融入社会主义现代化进程之中，深入基层，脚踏实地，多接地气，兢兢业业地做好自己该做的事、能做的事，在祖国最要需的地方发挥自己的价值，为"中国梦"的实现添砖加瓦。

久久为功

| 第六章 |
一切从实际出发

习近平总书记说:"我会见一些国家领导人时,他们感慨说,中国这么大的国家怎么治理呢?的确,中国有13亿人口,治理不易,光是把情况了解清楚就不易。我常说,了解中国是要花一番功夫的,只看一两个地方是不够的。""这样一个大国,这样多的人民,这么复杂的国情,领导者要深入了解国情。"这叫"必须识民情、接地气"。他还结合自己的体会,深有感触地谈道:"我曾在中国不同地方长期工作,深知中国从东部到西部,从地方到中央,各地各层级方方面面的差异太大了。"因此,在中国当领导人必须把情况搞清楚。立足国情和民情去想问题、做决策、办事情,就能够符合实际、接地气,就不会出现偏差。这就得一切从实际出发,实事求是。

立足国情和民情去想问题、做决策、办事情

　　"始终按实事求是的要求办事"是习近平同志执政理念的一根主线。2014年2月7日，习近平总书记在索契接受俄罗斯电视台专访时，就自己的执政理念畅谈了感受。他强调想问题、做决策、办事情必须一切从实际出发，实事求是。

　　习近平总书记说："我会见一些国家领导人时，他们感慨说，中国这么大的国家怎么治理呢？的确，中国有13亿人口，治理不易，光是把情况了解清楚就不易。我常说，了解中国是要花一番功夫的，只看一两个地方是不够的。""这样一个大国，这样多的人民，这么复杂的国情，领导者要深入了解国情。"这叫"必须识民情、接地气"。他还结合自己的体会，深有感触地谈道："我曾在中国不同地方长期工作，深知中国从东部到西部，从地方到中央，各地各层级方方面面的差异太大了。"因此，在中国当领导人必须把情况搞清楚。立足国情和民情去想问题、做决策、办事情，就能够符合实际、接地气，就不会出现偏差。这就得一切从实际出发，实事求是。

　　如果不实事求是，靠拍脑袋决策，盲目上项目，那么后果只能是失败，劳民伤财。对于盲目乱上项目问题，人民群众的意见一直非常大。

　　例如，20世纪50年代修建的三门峡水库由于设计上的缺陷，使得水库发电和上游泥沙淤积之间形成了尖锐矛盾。建成后不久，就因为泥沙淤积而失去效能，还给渭河平原的农业造成损失。众所周知，1958年"大跃

进"运动中的大炼钢铁，全国人民日夜苦干，但小土高炉炼出的是不合格的废品，不但劳民伤财，造成粮食失收，还因为砍掉大量树木，破坏了生态环境。

2015 年 9 月 20 日，中国城市规划学会年会在贵阳举行，会上有院士指出，中国全国新城新区规划人口达 34 亿，这是严重的失控。该院士援引国务院一项关于 12 个省会城市和 144 个地级市的调查结果称，省会城市平均一个城市规划 4.6 个新城或新区，地级城市平均每个规划建设 1.5 个新城或新区，某西部省会城市提出建 3 个新区、5 个新城，总面积是现有建成城区面积的 7.8 倍。

也就是说，经过十几年以房地产建设为城市扩张的龙头之后，多地政府希望以城市化作为经济增长之动力，以高质量的城市化来带动中国城市的经济发展与增长。但是，这种以高质量的城市化为动力的经济蓝图，目前已经成了中国各城市区域面积大幅快速扩张的依据与政策，中国将进入一个城市面积简单的量增疯狂扩张的时期。在这种情况下，中国将出现更多的"空城"和"鬼城"。

这种城市规划简单的面积扩张量增，既不考虑城市经济与产业结构变化与成长，也不考虑人口结构增长与变迁，而这引起城市规划更多的是以个人利益为导向，如何来消耗现在城市周边的土地，如何让这些土地以规划的方式能够在现任政府手上卖出去，进行前所未有的城市建设扩张。在这样的情况下，自然会出现全国的城市规划所建造的住房居然可居住 34 亿人口的怪事。即使把农村人口全部赶入城市，那么这些已经规划的城市住房何年何月才能有人居住呢？

可以说，这种完全忽视基本的市场法则、经济规律、现实条件的城市规划，估计已经不只是写在图纸的规划了，肯定已经不少正在建设进行中。这就是为何当前中国出现一大批的"空城""鬼城"。这些"空城""鬼城"的出现不仅在于让大量的房地产商由于住房无法销售出去而难以脱身，整个新建城市的人口凋零和商业萧条，而且在于不少购房者购买了这里的住房之后既卖不出去也无法出租。整个"空城""鬼城"的风险完全砸在购房者及银行手上。

可以说，这34亿人口城市规划也意味着发展了十几年的中国住房市场又要进入一个难以想象的"大跃进"年代。因为，这种城市面积的简单过度扩张不仅可带来当地的GDP增长、地方土地财政收入增长，更重要的是给地方政府的主事者带来无限巨大的寻租空间。

从当前反腐"打老虎"所披露出的贪污腐败行为来看，多数都是与土地交易和流转有关。地方政府官员很难不希望在自己手上卖更多的国有土地，因为其中实在太有利可图。这就是为何城市规划会如此过度扩张的根源，也是中国大量的"空城""鬼城"出现的根源。

有关专家指出，20世纪90年代，中国建制市有660多个，而此后由于大城市不断兼并周边的县级小城市，城市的数量不增反减，不少地方均走从小城市兼并扩容到特大城市的发展模式。通过兼并，资源、人才等各种优势集中于大城市，但却忽视了与周边小城市的协调发展，没有很好地辐射和带动小城市的发展，而是使得经济发展成果更多集中到大城市中。专家认为，解决收入差距、城乡差距等问题，未必要强调大城市的发展，可能是发展中小城市，特别是县级城市，因为它们与农民联系更密切。

除了城市兼并引发担忧，"环路"的设置也成为问题。有关部门在对全国288个地级市调查中发现，有164个城市建有环路，然而有些地方原本没有环路，却把几条道路连接起来成为环路，好像"无环不成市"。专家认为，环路对小汽车来说是可达性最高的一种道路形式，但这往往忽视了其他交通出行方式的需求，这也使得很多人在选择出行方式时有着难以割舍的小汽车情节。

过去城市发展中强调的是经济发展压倒一切，要快上，甚至不惜一切代价。现在，是要考虑在什么支撑条件下能满足发展需求，注重的是可持续发展。在城市规划中，政府还需要考虑管理体制如何适应社会矛盾和市场发展。现在各种规划很多，相互之间也不协调，而城市是一个系统，不能因为政府部门的诉求就把城市整个系统割裂。

事实一再证明，那些靠着领导干部"拍脑袋"拍出来、"一支笔"批出来的新城新区，那些荒草萋萋的烂尾工程，其实是缺乏经济社会效益的重复建设、无效投资，造成了巨大的资源浪费，让地方政府背上沉重的债务包袱，更让单纯依靠投资拉动的粗放型"发展病"越来越重。

中央多次强调，新型城镇化的核心是人的城镇化，要放在与工业化、信息化、农业现代化同步推进的发展视野中来谋划。这是一项内涵丰富的现代化系统工程，也是促进发展方式转变的改革过程。剖析"造城"之风，错就错在将城镇化简单地理解成圈地、盖楼、造城，还是用"GDP 至上"的旧思维想问题，靠行政推动的老办法谋发展，也闪现着"四风"的影子。

这种群众反映强烈、隐患严重的发展顽疾，已经到了必须下猛药、出硬招进行治理的时候。

作为党员干部，我们必须清醒地认识到，我国仍处于并将长期处于社会主义初级阶段的基本国情没有变，人民日益增长的物质文化需要同落后的社会生产之间的矛盾这一社会主要矛盾没有变，我国是世界最大发展中国家的国际地位没有变。在任何情况下都要牢牢把握社会主义初级阶段这个最大国情，推进任何方面的改革发展都要牢牢立足社会主义初级阶段这个最大实际。党的基本路线是党和国家的生命线，必须坚持把以经济建设为中心同四项基本原则、改革开放这两个基本点统一于中国特色社会主义伟大实践，既不妄自菲薄，也不妄自尊大，扎扎实实夺取中国特色社会主义新胜利。

实事求是，按照客观规律办事

"天行有常，不为尧存，不为桀亡。"世界上有这么一个"东西"，你看不见，摸不着，却处处受制于它。它无时不在，无处不有；充满在全部工作里，渗透在日常生活中；遵循它，就顺利、成功；违背它，就挫折、失败，蒙受巨大损失。

它，就是客观规律。

有这样一个故事：在美国阿拉斯加涅利英自然保护区，居民为了保护鹿而把狼消灭了，鹿没有了天敌，终日无忧无虑地饱食于林中。十几年后，鹿群由四千只发展到四万只，但鹿的体态蠢笨，没有了昔日的灵秀，植物也因鹿群迅速繁殖而被啃食、践踏得凋零了。鹿由于缺乏充足的食物以及安逸少动所带来的体质衰弱而大批死亡。人们只好把狼再请进去。鹿又四散奔逃了，但却恢复了蓬勃生机。

这个故事告诉我们，大自然本来就是一个生态平衡的关系，生态平衡是一种自然规律，若失平衡将不自然，若不自然将破平衡，平衡中生存，自然中发展进化，而人类行为的加入却破坏了生态平衡。

还有一个故事：一个人看到一只茧裂开了一个小口，蝴蝶在艰难地挣扎着想要出来，很长一段时间过去了，蝴蝶没有任何进展。看样子它似乎已经竭尽全力，不能再前进一步。这个人决定帮助蝴蝶，他拿来剪刀将茧破开，蝴蝶很容易地挣脱出来。但是蝴蝶的身体很臃肿，翅膀总是紧紧贴着身体。这个人期待着蝴蝶的翅膀打开并伸展起来。然而，这一刻始终没有出现。这个好心人并不知道，蝴蝶从茧上的小口挣扎而出是上天的安排，它要通过这一挤压过程将体液从身体压到翅膀，这样翅膀才能获得力量，才能在脱茧而出后展翅飞翔。

这个故事和拔苗助长的寓言故事有相似之处。它告诉我们不能任意地改变规律，也不能任意地创造或消灭规律，只能去认识规律、遵循规律、利用规律。怎么去遵循？毛泽东同志指出："'实事'就是客观存在着的一切事物，'是'就是客观事物的内部联系，即规律性，'求'就是我们去研究。我们要从国内外、省内外、县内外、区内外的实际情况出发，从中引出其固有的而不是臆造的规律性，即找出周围事变的内部联系，作为我们行动的向导。"坚持实事求是，老老实实按客观规律办事，是人们在实践中必须遵循的基本原则。

曾几何时，"人定胜天""超英赶美""跑步进入共产主义"的口号喊得震天响，但因偏离了客观规律，危害深重，教训惨痛。党的十一届三中全会以来，我们搞改革，促开放，发展社会主义市场经济，变化日新月异，成就世人瞩目，就是因为走上了一条符合发展规律的康庄大道。

作为党员干部要时时处处自觉做到：实事求是按规律办事，一切从实际出发，把握事物的内在联系，必须坚持解放思想和实事求是的统一。

反之，如果我们离开了实事求是，不按客观规律办事，就会吃苦头、碰钉子，这样的例子并不鲜见。

当下，有的领导干部在思维方式、领导方法上，还没有完全做到按客观规律办事。诸如，不是在科学发展的轨道上"循规蹈矩"，而在盲目蛮干上"自主创新"；不把区域经济放在全国经济一盘棋中进行规划，不根据产业规划和资源禀赋的需要推进结构调整，不能正确处理发展与转变、政府与市场、继承与创新的关系。有的领导干部不做深入细致的调查研究，凭个人喜好或主观意愿进行决策、开展工作，结果经常出现一厢情愿或事与愿违的尴尬局面；有的领导干部为了创造"政绩"，不顾现有的财力、物力和客观需要，盲目铺摊子、上项目，搞华而不实的"政绩工程"，结果劳民伤财，给当地经济社会发展带来重大损失。

2014 年 9 月初，柳州市发布《柳州市清理整治奢华浪费建设工作方案》，全面清理整治奢华浪费建设。按照方案中的要求，从 9 月 8 日起，柳州开始拆除尚未完工的位于风情港旁边的柳宗元铜像底座。这座柳宗元雕像高达 68 米，可以 360 度旋转，预计花费 7000 万元人民币，当时欲建设成为"国内最高的人物铜像"。本欲借柳宗元这一高大形象来提升本地知名度，可怎么也没想到，会触碰其新近颁布的《柳州市清理整治奢华浪费建设工作方案》的"红线"。这座耗资巨大的雕像，也只能在政策的相互折腾中被拆掉。说建就建、说拆就拆，到底将纳税人的钱当成了什么？而最让人难以释怀的是，不管是雕像的设计建设，还是拆除，都是在公众不知晓的情况下决策。公权行使中的失职与傲慢，也足以反窥当初做这个决定时是如何的轻浮与草率。

坐过火车的人都知道，火车的运行除了依靠车头牵引力外，还依靠了强大的惯性，正是这种惯性力使火车在运行中更加平稳，更加节约能源。客观规律也一样，也具有一定的惯性，并在其中蕴藏着巨大的潜能。我们平时干工作如果能充分利用这种惯性力，并借力使力，那我们的工作就主动得多，也顺得多。

按照客观规律办事，就要吃透情况，弄清世情、国情、省情、市情、县情，找准贯彻落实中央和省委决策部署的切入点、结合点、着力点，创造性地开展工作。对于"左邻右舍"的新办法、新经验，不能赶时髦，随大流，而要结合自身实际决定取舍。按客观规律办，既要考虑当前又要谋划长远。办当前的事情，不能为将来安钉子、设路障；谋长远的事情，则要结合当前需要，紧扣现实条件。此外，按照规律办事，还要破除经验主义，勇于改革创新。

摆正位子，放下架子，俯下身子

党员干部如何为人民服务，我们的政府如何建设成服务型政府，这在现实工作和生活中是一大考验。曾几何时，我们的一些政府部门，是"门难进、脸难看、事难办"。要真正体现并为人民群众服好务，建设好服务型政府，关键还在我们的党员干部要放下架子、俯下身子。要放下官架子、官面子，俯下身去重新定位好"人民公仆"的身份，牢固树立以人为本的施政理念，提高为人民服务的历史使命感和责任感。

全心全意为人民服务是党的根本宗旨，中国共产党人区别于其他任何政党的又一个显著的标志，就是和最广大的人民群众取得最密切的联系。群众路线是党的生命线和根本工作路线。切实改进工作作风，赢得人民群众信任和拥护，夯实党的执政基础，巩固党的执政地位，具有十分重大而深远的意义。

中央用"踏石有印，抓铁有痕"强调了改进作风的决心，然而抓作风、改作风是一件持久的事，不是一朝一夕就能落实形成的。在实际生活、工作中，要常记得放下架子、俯下身子、耐下性子，从点滴开始，认真做好各项工作，绝不能存在走过场、敷衍了事的心理。

2013 年元旦前夕，习近平总书记冒着零下十几摄氏度的严寒，来到地处太行山深处的全国扶贫开发重点县河北省阜平县，看望困难群众，共商脱贫致富之策。这是一次行程紧凑、内容务实的调研——29 日下午 3 时从北京出发，30 日下午 1 时许离开，20 多个小时，往来奔波 700 多公里，走访两个贫困村，召开两场座谈会。

盘着腿坐在老百姓的炕头上拉家常，习近平总书记在河北省阜平县调查研究的新闻消息播发后，引起了国内外的强烈反响。总书记带头转变调查研究的作风，也启示每一个领导干部，要高度重视和改进我们的工作作风。

2013 年 7 月 21 日，习近平总书记到武汉考察，一下飞机就冒雨视察工作，卷起裤腿、踏着积水、自己撑伞，雨水打湿了衬衫还继续前行……总书记用实际行动诠释了实事求是与群众路线的核心精髓。正是这些小细节，展示出领导人务实亲民的作风与作为，其传递的正能量无数次地感动人民群众，不断地激发每个人向着中国梦前进。也让党员领导干部读懂了什么是为人民服务，什么是走基层，什么是到群众中去，为每一个党员干部树立了榜样。

1. 摆正位子，方能找准自己

每一名党员干部，都是为群众、为人民服务的，要正确理解"从群众中来、到群众中去"和"我是谁、依靠谁、为了谁"是一脉相承的，党员干部本身就是人民群众中的一分子，面对被检查单位，不能高高在上、自我膨胀、颐指气使，不能自己分内的事未做就先提要求、先想好处。

2. 放下架子，方能拉近距离

密切联系群众是中国共产党的"三大法宝"之一，群众的满意总能给予我们无穷的动力。在生活中，想要了解群众的真实需求，了解他们的所思所想，必须拉近与他们之间的距离，放下架子，走近群众，与他们聊聊家常，用他们的方式与他们交流，消除群众对"官"的敬畏心理，多与群众沟通，第一时刻掌握群众的想法，为今后做好群众工作打下坚实的基础。

3. 俯下身子，方能赢得民心

只有深入群众、深入一线、充分调研才能了解群众的所思、所想、所盼，如果只是坐在办公室里，靠收文件、发文件、开会指导工作，是很难掌握各类消息和真实情况的。只有身在老百姓之间、站在地头田间，直面群众生活百态，才有机会倾听到群众的意见和建议，真真切切地体会到老百姓的困难疾苦，更深地体会到群众的情感，进而反思自己的工作，感知自身的不足与存在的问题。俯下身子，不仅了解了群众的真实生活情况，更加收获了为民服务的积极性与主动性。

做官，少一些杂念，多点务实；少一些虚荣，多点实际；少一些功利，多点服务。要多做事、敢做事、做好事，"要知道，你不做事，耽误了一方的发展，才是最大的错误"。党员干部只有树立正确的"做事观"，才能真正对得起组织的重托、百姓的期望。

不唯书，不唯上，只唯实

2015 年 6 月 12 日上午，中共中央在人民大会堂举行座谈会，纪念陈云同志诞辰 110 周年。习近平总书记发表重要讲话时强调，伟大的事业呼唤着我们，庄严的使命激励着我们。我们一定要坚定不移把老一辈革命家开创的伟大事业继续推向前进。这是我们的历史责任，也是对老一辈革命家的最好纪念。

"不唯上、不唯书、只唯实"，是陈云提出来的至理名言，这是他学习和工作的心得，也是他精心提炼的思想结晶。"不唯上"，并不是上面的话不要听，尊重上级领导是对的，但尊重上级领导不等于唯领导意志是从，更不能搞"服从领导达到盲从的程度，相信领导达到迷信的程度"那一套，而是要从人民的根本利益和客观实际出发，因地制宜地贯彻执行上级的指示和决策，反对机械地照搬照抄照发；"不唯书"，不是说文件、书不要读，而是要认认真真地读书，并且加以分析，真正掌握理论武器，用以指导实践活动；"只唯实"，就是专注从实际出发、实事求是地研究处理问题的唯物主义态度，体现的是一种执着、一种研究解决矛盾和问题的决心。

这九字箴言，是陈云一生的座右铭和行动总则。著名作家叶永烈在其著作《他影响了中国——陈云全传》中写道：

"文革"结束之初，我国新上了一大批建设工程。当时，全国正在和计划建设的大项目有1700多个，小的有几万个。可是，中国的经济能力有限，承受不了这么多新建项目。陈云重新主管中国经济后决心进行调整，在调整中遇到了最为棘手的问题——上海宝山钢铁公司的建设问题。当时，围绕宝钢项目的争议主要有三类：一是停建；二是立足国内，买技术，买专利和关键设备；三是全部从日本进口。面对如此情况，中共中央委托陈云对宝钢项目是否继续建设做出决策。

这个时候，宝钢已经与外商草签了一揽子合同，大批引进设备正在运往上海。如果停建，中国将蒙受沉重的经济损失；如果继续，又得投入巨大的资金。

进退两难，怎么办？

陈云又一次坚持"只唯实"的态度。经过反复的调查研究，细听种种意见，陈云最后做出决断："干到底，举棋不定不好。""买设备，同时也要买技术、买专利。""只能搞好，不能搞坏。""应该列的项目不要漏列。店铺开门，不怕买卖大。"

就这样，中共中央、国务院根据陈云的意见，经过研究，决定上海宝钢项目"干到底"。1986年5月18日，陈云视察宝钢，并为宝钢题词："埋头实干，从严要求，精益求精，不断创新。"

实践是检验真理的唯一标准。宝钢的发展实践不可辩驳地证明，陈云关于宝钢的决策是完全正确的。

人民的好书记谷文昌是心中有党、心中有民、心中有责、心中有戒"四有"县委书记的楷模，集中体现在他"对党和人民极端负责"的求实作风上。

最困难的"吃大锅饭"年代，面对大锅里没有饭吃，他直言不讳："革命的目的，就是为了群众生活，如果我们不关心群众疾苦，就是没有群众观点，就无所谓革命。"他鲜明地提出"抓生活就是抓政策，就是抓生产力"。为解决群众生活困难的燃眉之急，他联系有关部门为农民争取购到杂鱼、低价盐，他组织农民抢种蔬菜和早熟作物，他派医疗队下乡为群众治病，他亲自到困难最大的村蹲点，和农民同吃、同住、同劳动、同受苦，终于带领全县人民度过了最困难的日子。

谷文昌一年到头，大部分时间都在基层，群众想什么、盼什么，他就带领群众干什么。他走村串户，和村干部、老农民促膝长谈，制定出"筑堤拦沙、种草固沙、造林防沙"的治风沙方案；他针对东山土地不多又易涝的县情，提出了"建海堤、防海潮，发展多种经营""以海为田，向海域进军"的发展思路。

在举国上下协调推进"四个全面"战略布局的历史进程中，在"三严三实"专题教育在县处级以上领导干部中全面展开。与"不唯上、不唯书、只唯实"一脉相承的是习近平总书记向全党提出的"三严三实"的要求。"三严三实"彰显的共产党人的政治品格，反映的是新形势下党的思想作风建设的内在规律，针对的是党的思想作风建设上存在的"不严不实"的顽疾。"不唯上、不唯书、只唯实"，是对求真务实思想作风的一种既通俗又生动的解读，是践行理论联系实际基本原则的本质要求，针对的是长期以来一些领导干部身上存在的"唯上唯书不唯实"的通病。"不严不实"和"唯上唯书不唯实"，二者反映的都是担当精神的缺失和宗旨意识、群众观念的淡化，其本质是背离党的实事求是的思想路线。

总之，实事求是一直是中国共产党的核心指导思想。我们只有扎实开展"三严三实"专题教育，切实做好"不唯上、不唯书、只唯实"，才能更好地反对"四风"，才能取得更多更好的成绩，助推中国梦早日实现！

踏实办事，不搞政绩工程、面子工程

"功在当代，利在千秋。"大家都知道四川的都江堰，是秦国蜀郡太守李冰及其子率众于公元前256年左右修建的，是全世界迄今为止，年代最久、唯一留存、以无坝引水为特征的宏大水利工程。在都江堰建成之前，四川盆地洪水不断，可以说是不适合人类居住的地方。这一工程建成后，四川就成了"天府之国""鱼米之乡"。至今，两千多年过去了，都江堰仍然发挥着防洪、灌溉的作用。可以说，这样的工程才是彪炳千秋的大政绩，李冰父子因此名垂千古。

习近平总书记强调："人民对美好生活的向往就是我们奋斗的目标。"因此可以说，"为人民服务"是对每个国家公务人员的最低要求，也是最高要求。所谓最低要求，是指为人民服务是每个国家公务人员的基本条件和基本职责；所谓最高要求，是指为人民服务是我们终身的奋斗目标，为人民服务永远在路上，没有止境！

为人民服务，就要树立正确的政绩观。然而，在现实中，个别同志对政绩观理解的偏差乃至错误却屡禁不止，其表现如下：在为谁创造政绩的问题上，存在谋取个人利益为先、政绩唯上、长官意志贯穿始终，以及不顾大局，个人利益、小团体利益至上的现象；在树立政绩意识的问题上，存在安于现状，错失发展机遇，过于求稳，结果造成发展滞缓现象；在如何创造政绩的问题上，存在急功近利，不计成本效益，不图长远发展，热衷做表面文章，好高骛远，不切实际，劳民伤财，以及政绩歪曲，靠歪门邪道、小聪明谋取政绩现象；在怎样衡量政绩的问题上，存在政绩浮夸，玩数字游戏，掺水分，单纯 GDP 崇拜，发展失衡等现象。

2014 年 8 月，山东省鄄城县为了迎接领导视察，紧急建起了刷成统一颜色的围墙，而围墙后面，则是破旧不堪、狭窄逼仄的民居。并且，发动全县公职人员执勤，设"防火墙"防止民众向市领导反映问题。其实，像山东鄄城县这种老套做法，在一些地方屡见不鲜。2012 年 12 月，国家级贫困县甘肃漳县斥巨资建起 2 米高、用琉璃瓦装饰的墙，当地村民称这墙是"扶贫项目"，其最大的作用是遮丑。此事经媒体曝光后，引起轩然大波。事后，当地政府做出回应，称这些墙是"交通安全防护墙"，目的在于彻底排除沿线交通安全隐患，整治村容村貌。

2015 年 3 月 13 日，《湖南日报》发表了一篇《"刷漆复绿"是畸形政绩观作祟》的文章："远远望去，在 329 国道旁的绍兴越城区斗门镇杨望村附近的山北有百余座坟墓。这些墓的墓碑和墙体上，都刷了墨绿的漆。记者采访得知，这是因为去年下半年，越城斗门镇要求对 6 个村沿路等区域裸露墓群复绿，可采用的办法有迁移坟墓、深埋和绿化。但杨望村觉得这三个方法都有难度，于是就想到了刷绿油漆。"

人们常说："真的假不了，假的真不了。"通过给墓地刷漆的方式"复绿"，不但自欺，亦是欺人。村民们反映说，原来杨望村出此下策，是为了应付来自镇政府的考核镇上的考核任务去年下半年才有具体规定，但要求年底完成，仅三四个月时限，加之当地"山势陡峭、石多土少"，无异于"赶鸭子上架"。无奈，村民只得"逼上梁山"想出歪点子，给墓群涂上一层绿漆。该镇政府无视杨望村的实际情况，不讲方式方法，如此粗枝大叶的工作方法，显然是政绩观发生了偏差。

以上案例，足见错误的政绩观所产生的危害不可小视。在错误政绩观的指导下，一些干部为了"政绩工程""形象工程"耗费大量的人力、物力和财力，甚至有个别干部以权谋私，与民争利，在教育、医疗、土地征迁、房屋拆迁、企业重组改制和破产等问题上侵害人民利益，极其严重地损害了党群关系、干群关系，甚至危及社会稳定。因此，错误政绩观危害不容小视，党员干部要启动主观思想这个"总开关"，保持清醒头脑，认真按照中央"把树立正确的政绩观作为新时期党的建设新的伟大工程的重要内容"的要求，切实牢固树立正确的政绩观。

顺应历史潮流，不因循守旧

烈日下，一群饥渴的鳄鱼陷身于水源快要断绝的池塘中。面对这种情形，只有一只小鳄鱼起身离开了池塘，它尝试着去寻找新的生存的绿洲。塘中之水越来越少，最强壮的鳄鱼开始不断地吞噬身边的同类，苟且幸存的鳄鱼看来是难逃被吞食的命运，然而却不见有鳄鱼离开。池塘似乎完全干涸了，唯一的大鳄鱼也耐不住饥渴而死去了。然而，那只勇敢的小鳄鱼呢？它经过多天的跋涉，很幸运，它竟然没死在半途中，而是在干旱的大地上，找到了一处水草丰美的绿洲。

试想，如果不是小鳄鱼勇于尝试，寻求另一条生路，那它也难逃丧生池塘的厄运；其他的鳄鱼，如果它们不安于现状，勇于尝试，那么它们又怎会落得身死干塘的可悲结局！由此可见，勇于尝试的精神多么重要！

沿袭旧规，不思革新，死守老一套，缺乏创新的精神，必然走向穷途末路。因循守旧，事业就没有发展；循规蹈矩，工作就不会有进步。历史潮流正载着我们向前前行，不顺应历史潮流就会如同飞蛾扑火、螳臂当车，即使再勇敢也最终逃脱不了灭亡的命运。对航船来说，暗礁好像是一种无法通过的险隘，倘若一旦通过，便可以进入一片平静、神秘、不怕风吹浪打的环礁湖，安全而又宁静，任由航船停泊、行驶。而对于党员干部来说，因循守旧好像是一座挡在前进路上的高峰，倘若一旦翻越，便可以看见充满色彩、活力四射的平原，开阔而又充满机遇。

改革开放30多年来，经历过几次大的思想解放之后，党员干部思想境界和工作思维都有了很大的变化。僵化的观念被打破，勇于进行管理创新、技术创新的观念在增强，探索的精神不断强化。

"新时期铁人"王启民，始终把艰苦奋斗的革命精神与坚持科技进步和不断创新有机结合起来，这才是新时期"铁人精神"的真正内涵。王启民正是凭着"恨不得钻到地下把油层搞清楚"，立志"跨过洋人，敢为天下先"的豪情与奋斗才取得了辉煌成就。

20世纪60年代，当时大庆油田面临着前所未有的困难，油采不上来，油田命运堪忧！外国专家断言中国技术落后。王启民就是不信这个邪，但他并没有气馁，下决心从实践中找答案。几番实验，他提出的"高效注水开采方法"，打破了当时国内外普遍采用的"温和注水"开采方式，开创出中低含水阶段油田稳产的新路子。70年代，经过采集、分析了1000多个数据，他主持进行的"分层开采、接替稳产"开发试验，使水驱采收率提高了10%至15%。1976年，大庆油田年产原油5030万吨，跨入了世界特大型油田的行列，开创了中国石油工业发展的新纪元。大庆的石油出口量也成倍增长，最高时全国每100元换汇就有大庆人创造的14元。王启民依靠科技，继续探索新路。在各方的共同努力下，先后闯过多道难关，将力量投向差油层挖潜上。这些努力使得油田增加地质储量20多亿吨，相当于为国家找到了一个新的大庆油田。90年代，他组织实施的"大庆油田高含水期稳油控水系统工程"结构调整技术，创立了油田高含水后期"控液稳产"的新模式。王启民的辛勤工作，为大庆油田创造了巨大的经济效益。到2002年，大庆油田创造了连续27年年产原油5000万吨以上的纪录，远远高于世界同类油田 12 年的水平。

五十多年来，王启民先后主持参与了大庆油田实现稳产高产的八项重大开发试验项目，参加并组织了 40 多项科研攻关课题和大庆油田"七五""八五""九五"开发规划编制研究等工作，多次获得国家科技进步奖。

王启民身上体现了"铁人"顽强拼搏的精神，体现了"科学技术是第一生产力"这一思想，体现了我国新时期石油科技工作者的精神风貌。他那种敢为天下先、勇攀科学高峰的精神，值得我们每个人学习。

然而，长期的发展、巨大的成就，使我们一些同志乐而忘忧，学习热情有所下降，停顿下来不求进步的情绪大有滋长。因为长期执政，一些同志看不到人民拥护是巩固党的执政基础和执政地位的根本条件，忘记了时刻保持与人民群众的密切联系就必须向人民学习；因为长期快速发展，看不到与发达国家的差距，忘记了实现赶超任务需要不懈地改革创新，以致因循守旧，故步自封。更为严重的是，有的人长期养尊处优，理想信念动摇，信奉个人主义、拜金主义、享乐主义，把升官发财作为最大追求，把宝贵的学习时间用于吃喝玩乐、用于"跑关系、找门路"。这种思想上的庸俗、怠惰、滑坡，不仅侵害干部队伍，而且毒化社会风气，对于个人意味着蜕化的开始，对于党、国家、民族意味着生机的丧失。因此，必须予以高度警惕，坚决纠正。

因循守旧只能故步自封，锐意改革才可勇立潮头，正如习近平总书记所说："自觉把思想认识从那些违背科学发展观要求的观念、做法和体制机制的束缚中解放出来，不满足现状，不因循守旧，与时俱进地推动经济社会又好又快发展。"

实现中华民族伟大复兴的中国梦，我们需要应对大量新情况新问题。加快转变经济发展方式，跨越"中等收入陷阱"，保持经济长期持续健康发展，统筹推进新型工业化、信息化、城镇化和农业现代化，等等，都需要我们加强学习、增强本领，才能使这些利国利民的规划一一实现。应当清醒地看到，我们面临的机遇十分难得，需要应对的挑战也更艰巨、更复杂，改革进入爬坡过坎的新阶段，需要解决的体制机制性问题更困难、更棘手。这就要求全党加快实现思想作风的切实改进和工作方法的全面创新，要求党员干部特别是领导干部通过重新学习、创造性学习，适应新形势、新任务的要求。

久久为功

第七章
本事用在落实上

再好的行动纲领、再美的宏伟蓝图，不落地、不落实，都一钱不值。"为政贵在行。"注重落实是为政之要、从政之本，"不干，半点马克思主义也没有"。习近平总书记指出："实现中华民族伟大复兴是一项光荣而艰巨的事业，需要一代又一代中国人共同为之努力。空谈误国、实干兴邦。""抓落实，是我们党执政能力的重要展现，也是对各级党员干部工作能力的重要检验。"必须"一分部署，九分落实"，把更多的精力、时间和更大的本事用在落实上。

实干不是作秀，要"踏石留印、抓铁有痕"

2013 年 7 月 23 日上午，习近平总书记在武汉主持召开湖北省领导干部座谈会时说，转变作风就是要打破"围城""玻璃门"和无形的墙，深入基层，深入群众，多接接地气很好。一枝一叶总关情。什么是作秀，什么是真正联系群众，老百姓一眼就看出来了。

习近平总书记痛批作秀，点中了形式主义的要害，对党员干部尤其是领导干部来说是敲响了警钟，更是对形式主义的迎头痛击，发人深省，蕴含深意。

转变作风，关键在真抓实干，而不是做样子、搞形式、玩花招，尤其是践行群众路线更要实打实，硬碰硬，来不得半点虚假。

秦文贵，中国石油天然气集团公司工程技术分公司副总经理，全国劳动模范、"中国青年五四奖章"获得者、中国石油天然气集团公司特等劳动模范、学科带头人、"石油青年的楷模"。

1982 年，秦文贵从华东石油学院毕业，在那个大学生还是天之骄子的时代，特别是人才奇缺的石油专业，留在舒适的大城市里工作是一件很容易的事情，但是秦文贵毫不犹豫地选择了到处都是戈壁荒漠的青海油田，这个海拔最高、环境最艰苦的地方。在极为艰苦的条件下，他坚守"越是艰苦，越要奋斗，越要奉献"的信念。

工作中，秦文贵利用自己所学的知识，不断琢磨研究各种设备，很快练就了一套"千里眼、顺风耳"的本领：看灯光能辨别电机设备，听声音就可判断哪个环节出问题。凭着过硬的技能，工作的第 5 年，他成了一名光荣的共产党员；工作的第 8 年，他成了带领大家钻井的队长兼工程师。

为了防止把井打斜，在一次施工过程中，根据自己所掌握的专业知识，秦文贵提出采用刚性满眼钻井技术和钟摆钻井组合工艺，结果钻井速度提高了 20%，节约成本 20 多万元。

他负责设计的移动式钻机基础，取代了水泥固定基础，节省了成千上万吨的水泥石料和大量的人工。几年下来，他成了公司里小有名气的工程师钻井队长。

1992 年，组织上派秦文贵到国外学习。在海外，他如饥似渴地学习石油工业的先进技术。学习将要结束时，一家国外石油公司以高出他在国内 10 倍的薪水，请他去工作，并承诺办理爱人和孩子定居海外的手续。面对这个机会，秦文贵毫不犹豫地拒绝了。

回国后，秦文贵以顽强的毅力，克服重重困难，刻苦钻研、顽强攻关，先后主持完成了"狮子沟裂缝油藏综合研究"等多项科研项目，推广应用了"U 型解卡法"等 20 多项技术改造、科研课题，组织研究和应用了数十项新技术、新工艺，解决了大大小小上百个生产难题。2000 年，秦文贵再次出国，攻读 MBA。学成后，他毅然回国，继续为我国石油开发和建设贡献自己的力量。

1997 年 4 月 24 日，秦文贵获得了首届"中国青年五四奖章"，1999 年被中宣部和团中央以及全国青联树为"当代青年的榜样"。2009 年 9 月，当选由中宣部、中组部等 11 个部门联合组织评选出的"100 位新中国成立以来感动中国人物"。

可见，群众喜欢的是真正乐于吃苦、乐于奉献的人；群众最看不惯的就是那些整天指手画脚，却没有真才实学，不干正事的人。群众尊重的是那些能给自己口袋里带来实惠、能够帮助自己解决实际困难的人，而不是应付、拖延、糊弄老百姓的人。群众的心里容不得任何虚假，对于任何形式的作秀都极度反感，即使表面上不说，背后也会说、心里也会骂。

俗话说，群众的眼睛是雪亮的。作秀就是典型的形式主义。作秀就是演戏，演给上级领导看、演给同级干部看、演给群众看。然而，假的总归是假的，稍有常识的人都能看出来，即使一时看不出来的，将来总会露出尾巴的。

几年前，为争创国家文明城市，中部某省的一个市长，凡事都爱搞大活动，曾经发动4000名机关干部冒雨扫街的活动。一个县举办"佛教文化研讨会"，次日居然在网上传出5张照片，直指当地有关部门组织200多名小学生停课夹道欢迎参会领导。比较经典的是一个地方的领导要走访一农户，有关部门从别的地方抬来沙发、彩电布置好场景，领导一走，闹出为沙发、彩电与户主归属问题扯皮的笑话；某地区召开扶贫开发现场会，为壮"声势"，有关部门纷纷从他处牵来"道具羊""道具牛"；某地一桩群众反映多次早该解决而一直没引起麻木的当地领导重视的问题，一旦某个上级重要领导批示，新闻舆论曝光，当地领导马上变得"忙碌"起来，又是登门看望，又是"虚心纳谏"，一副十分亲民的样子；一桩本应该严厉惩处的腐败案件，有关领导也言之凿凿地表示要"一查到底、绝不姑息"，但往往"高高举起，轻轻放下"，或者干脆来个"虚晃一枪"，让事情不了了之；至于中看不中用的"路边样板田"、堂皇其外藏污其中的"文明墙"、劳民伤财的"示范井"、装模作样的"民情日记"……更是屡见不鲜。

领导干部如今动辄被指为作秀，一定程度上也表明干部作为的信誉缺失。解铃还须系铃人。什么时候"反正"过来，还需要各级官员拿出实际行动，光靠说是没有用的。2013年1月21日，在十八届中央纪委二次全会上，习近平总书记指出，作风建设"要以踏石留印、抓铁有痕的劲头抓下去，善始善终、善做善成，防止虎头蛇尾，让全党全体人民来监督，让人民群众不断看到实实在在的成效和变化"。的确，作为党员干部，我们干事业、做工作就是要保持一种踏石留印、抓铁有痕的精神状态，讲实话、干实事，敢作为、勇担当。

言出必行，一个行动胜过一打纲领

中华民族历来把信用、信义看得非常重要。孔子曰："与朋友交而不信乎？"墨子也说："志不强者智不达，言不信者行不果。"还有诸如"一言既出，驷马难追""一诺千金，一言百系"等都是强调做人要讲求一个"信"字。无信之人终归会受到世人的唾弃。在人与人的交往过程中，我们都应该像清代顾炎武那样，用"生来一诺比黄金，哪肯风尘负此心"的高风亮节证明自己坚守信用的处世态度。

一旦别人发现你说话不算数，个人的信任危机就产生了。我们都应该做一个重诺的人，就是言必行、行必果。

大家对"一诺千金"这个成语都不会感到陌生。据《史记·季布列传》记载，"一诺千金"的典故来自于春秋时期的季布。季布是楚国人，重义气、重承诺的好名声传遍千里。当时，楚国流传着这样一句谚语："得黄金百斤，不如得季布一诺。"

季布原本是项羽麾下的一名将军，曾经多次跟随项羽与刘邦对抗。刘邦得天下后，贴出告示悬赏重金捉拿季布，并且向老百姓发下告示说："如果有胆敢在家中藏匿季布的人，官家知道后连诛三族。"但是，由于人们都敬重季布的品德，无论季布走到哪里躲避都有人冒着连诛三族的危险来保护。后来，季布来到了河南濮阳的周氏和鲁朱家，周氏和鲁朱便找人劝服刘邦，刘邦了解季布的为人和在民间的影响，也仰慕这样的英雄，就特赦了季布，并且还任用季布做了郎中，后来又升任中郎将、江东太守。

季布的故事告诉我们，言出如山、重言诺的人，所得到的回报也是巨大的。一个人的信誉是无价之宝。如果你是个诚信的人，人们就觉得你说的话值得信赖，也就愿意与你交往。而且，拥有这样的好名声，无论走到哪里都会受到人们的欢迎，各行各业的人都愿意与你打交道，愿意与你交朋友，俗话说朋友多了路好走，诚信的人就会在无形之中多出了很多条可以走的路。反之，如果一个言而无信的人，则很难取得别人的信任，也难以在社会上"立身"，连脚跟都站不稳的人，成就大事也就是一句空话。

何况，党员干部面对群众的时候，代表的不仅是自己，而是一种公信。

但是，在实际工作中，我们经常能看到一些领导干部能说会道，承诺时尽管态度非常诚恳，把过程说得天花乱坠，但实际行动没有结果，说过的话似风中落叶，飘得无影无踪，使得一些政策、措施或要求在个别地方、某些部门得不到很好的落实。文件下发了，政策出台了，就要言而有信、说到做到，如果光说不练，应诺了不兑现，群众就会觉得你在忽悠他们、在哄他们，甚至认为你在欺骗他们，便会失信于人民。

台前唱廉口若悬河，幕后贪腐肆无忌惮，说的是一套，做的是另一套，如此愚弄、伤害群众的"双面"贪官，不在少数。这里不得不提到河南省"落马"的四任交通厅长，他们在任时，"廉政誓言"一个比一个吼得响亮。第一任"落马"厅长曾锦城，曾以写血书的方式向省委表白："绝不收人家的一分钱，绝不做对不起组织的一件事"；第二任"落马"厅长张昆桐，上任伊始振臂高呼："让廉政在全省高速公路上延伸"；第三任"落马"厅长石发亮，刚上任时信誓旦旦："不义之财分文不取，人情工程一件不干"；第四任"落马"厅长董永安，照例不遗余力地宣称："常修从政之德，常思富民之策，常怀律己之心"。可惜的是，这些豪言壮语都只停留在"口号"层面，都因为没有说到做到，甚至走向反面，而遭人鄙夷。

那个被媒体称为"最不像贪官的贪官"、黑龙江省原省长田凤山，曾在大会上语重心长地说："同志们啊，我们不能犯错误，不能退休后让老百姓在背后戳脊梁骨哇！"没想到自己被老百姓戳脊梁骨的日子并没等到退休，终因受贿罪被判了无期徒刑。

还有江西省人大常委会原副主任、省总工会原主席陈安众，在江西省总工会党组中心组集中学习时，曾经要求干部坚守廉政底线时候，信誓旦旦地说"这是为官从政必须坚持的起码标准"。而后又在《工人日报》上发表文章"脚下有底线必须做到：一要慎思，就是要做到思想自律；二要慎微，就是要做到小节自律；三要慎权，就是要做到权力自律；四要慎欲，就是要做到欲望自律；五要慎独，就是要做到个人自律。"然而，时隔一年不到的2014年9月，陈安众被检察院立案侦查并逮捕。后来，他在监狱里坦白了他的所有罪行，供出了一连串女干部的名字，甚至说出他喜欢"找一帮女孩子来嫖娼"。在陈安众影响下，部分干部去陪他吃饭时如果没有带女孩子都会觉得没面子。陈安众之流人前一套人后一套，最终落得让人唾弃的悲惨下场。

马克思曾经讲过，"一个行动胜过一打纲领"；毛主席大力倡导"实事求是，力戒空谈"；邓小平同志多次指出，"世界上的事情都是干出来的。不干，半点马克思主义也没有"。

言必信，行必果。我们党员干部必须言行一致，说过的话就一定要用行动来兑现。如果只说不做，是不讲信誉、缺乏素质的表现，对领导干部而言，说到做到就是兑现承诺，就是取信于民，就是执政能力。作为党员干部，无论是做工作，还是抓落实，都应该务实、深入、扎实。要在深入调查的基础上，想好了再说，说了就要做，使之制度化、规范化，长期坚持下来，逐步解决涉及群众切身利益问题，不断改善民生，使群众生活得越来越好。这样，才能逐步取信于民，赢得群众的理解和拥护。

喊破嗓子，不如甩开膀子

新中国刚成立的时候，国家面临着严重困难。那个时候，西方国家实行严密的经济封锁，石油短缺成为制约我国工业发展的瓶颈。为彻底摆脱这一困境，新中国第一代石油工人在茫茫原野上开展了一场场石油大会战。

王进喜从 15 岁到玉门油矿做苦工，直到玉门油矿解放。1950 年春天，他成为新中国第一代钻井工人，后来历任玉门石油管理局钻井队长、大庆油田 1205 钻井队队长、大庆油田钻井指挥部副指挥。1956 年加入中国共产党。当传来发现大庆油田的消息后，王进喜欣喜若狂。他决心去大庆，为国家多打井，多出油。1958 年 9 月，他带领钻井队创造了当时月钻井进尺的全国最高纪录，创造了年进尺 10 万米的世界钻井纪录，展现了大庆石油工人的气概，为我国石油事业立下了汗马功劳。1959 年底，王进喜领导的玉门油田钻井队累计钻井进尺 7.1 万米，相当于新中国成立前 42 年的钻井总和。

王进喜喊出了"有条件要上，没有条件创造条件也要上""石油工人一声吼，地球也要抖三抖"的豪言壮语，提出了"三要十不"的口号。"三要"是指：一要甩掉石油工业落后的帽子；二要高速度高水平拿下大油田；三要赶超世界水平，为国争光。"十不"是指：不怕苦、不怕死、不为名、不为利、不讲工作条件好坏、不讲工作时间长短、不讲报酬多少、不分职务高低、不分分内分外、不分前线后线，一心只为夺取会战胜利。

大庆会战第一次战役打响了，王进喜的腿也被钻杆砸伤了，但他坚持不下火线。被"押送"进医院，人们又吃惊地看到他回到井场。当井打到700多米时，他一直担心的井喷发生了。强大的高压液柱冲出井口，飞上几十米的高空。

重晶石粉还没有运到。"往泥浆池里加水泥！"王进喜大喊一声，丢掉拐杖，抱起两袋水泥。工人们迅速行动起来，但水泥沉入水底，泥浆密度提不上来，上水管又被水泥糊住，井喷更厉害了。

突然，王进喜跳进了泥浆池，奋力用身体搅拌，周围的同志也相继跳了下去。

经过3个多小时的奋战，井喷被奇迹般地制服了。他们每个人都被碱烧掉了一层皮，而铁人的伤腿自此落下了严重的"关节炎"。

"宁可少活二十年，拼命也要拿下大油田"，石油工人们就是凭着这种不怕吃苦、甘愿吃苦的精神，克服了种种困难，在极其艰苦的条件下，以顽强的意志和冲天的干劲，抢时间、争速度，为国家、为民族打造了大庆第一口喷油井，使我国甩掉了石油工业落后的帽子。

1959年9月，王进喜被评为全国劳动模范，光荣出席了全国工交群英会。自此，铁人王进喜成为中国石油工人的光辉典范、中国工人阶级的先锋战士、中国共产党人的优秀楷模、中华民族的英雄，大庆油田成为我国工业战线上一面旗帜。在为国家创造物质财富的同时，大庆油田的共产党员和无数的英雄们还用自己的青春和热血铸就了爱国、创业、求实、奉献的铁人精神。

1970年11月15日，王进喜因胃癌医治无效逝世，年仅47岁。如今，尽管几十年过去了，但是铁人精神仍然闪耀着时代光芒，激励着每一个共产党员为党和人民艰苦奋斗、埋头苦干、无私奉献。

愚公移山的故事感染了一代又一代人，昔日的笑谈经过时间的打磨、实践的检验，成为世代相传的励志典范。现代愚公——湖北恩施土家族苗族自治州建始县龙坪乡店子坪村村支书王光国，以其坚韧不拔为民修路、一心一意为民谋发展的精神和事迹感动了数以万计的人，被人们尊称为"愚公支书"，最美"村官"。

"10年修不完，就修15年。15年修不完，就修20年。通往山外的路，我们这一代一定要修通。"由于进出不便，店子坪村村民养的牲口卖价要比邻村低、建同样的房子要比邻村多花4倍钱，于是村支书王光国面对崇山峻岭发出这样的呐喊。要想富，先修路。对于夹缝于大山与峡谷之间生存的店子坪村民而言，修路是一件天大的难事。王光国不畏艰难，动员党员和群众，毅然决然地走上了艰难的绝壁凿路的道路。

2005年修路之初，没有启动资金。王光国毅然关掉了自家开办的养猪场。工地上没钱买炸药，他拿来妻子卖肥猪的1500元钱。然而最艰难的是村民历经一个冬天在河谷上垒起的一道20米长的驳岸瞬间轰然垮塌，在场的男女老少一时间都懵了，忍不住相拥而泣。

中途的失败并没有打消王光国修路的念头，反而他更加坚定了修好路的信念。面对修路的人越来越少，他白天修路，晚上就挨家挨户做工作。他为此立下誓言："工地上只要还有一个人，我就一定会奉陪到底！"这样振奋人心的话语，重燃了群众修路的热情，于是后来陆陆续续地又有不少人回到了工地。

寒来暑往六个年头，为了让乡亲们能走出大山，王光国带领百余名村民，不分寒暑、不惧风雪，在悬崖绝壁上一寸一寸地凿出了一条3里长的"幸福路"，使全村告别了肩挑背驮的历史，用行动再现新时代的"愚公精神"。

道路的开通，为店子坪村畅通了对外交往的渠道，也开阔了王光国的视野。他转变致富思路，种植特色树种，打造特色民居，发展有机农庄，村民积极发展猕猴桃、魔芋和烟叶产业，开启了发展生态农业观光产业的序幕，使店子坪村发生了巨变。

2013年3月17日，国务院总理李克强在人民大会堂金色大厅回答记者提问时指出："改革贵在行动，喊破嗓子不如甩开膀子。""甩开膀子"彰显出改革的勇气。改革就是要打破原有落后事物的束缚，才能有所突破、有所创新、有所发展。如果改革不能放开手脚，就会继续被旧的体制、旧的模式、旧的思维所束缚，难有大作为和大成效。目前，我国改革已经进入关键的攻坚阶段，没有退路，只有迎难而上。"甩开膀子"努力冲破种种束缚，改革才能取得突破性进展。

实现中国梦的道路上，必将充满荆棘和挫折，这就迫切需要广大党员干部发扬新时期的"铁人精神""愚公精神"，我们相信，戮力同心，真抓实干，必将为实现中国梦注入新的动力，为早日实现中国梦凝聚起更加强大的正能量。

不开"空头支票"，光说不做假把式

诚信的养成需要一个艰难的过程，但是毁掉它则是轻而易举的事情。乱开空头支票的人，就是毁掉自己的人。

乱开空头支票的人，其实是一个不负责任的人，是不尊重对方也是不尊重自己的人。为了达到某种目的或想法，完全不考虑自己的兑现情况，很少或根本没有认真衡量所要应允的事情可能遇到的种种困难，而轻易对对方做出承诺，结果没有能完成任务，使得双方进退两难，更有甚者给对方造成不应有的损失或影响。一个人如果习惯了乱开空头支票，长期以往，谁还能相信你、愿意和你合作呢？

很随便地答应别人的要求，实际上却难以做到，这是做人的大忌。在我们的日常生活中，离不开互相帮助与合作，但必须应量力而行，结合自己能力的大小和事情本身的难易程度，实事求是，不能做到的就不能轻诺他人。不然，自己丢人不说，还常常会误了大事。

在一家公司竞聘销售经理一职时，张先生当着公司老板和全体销售人员的面，郑重地许下诺言：一年之内要打开公司产品的销路，把积压在库房里的产品都推销出去，并在年终岁末时，发给每一位销售人员一笔数目不菲的奖金。

张先生的豪言壮语感动了销售部门的所有人，他顺利地赢得了销售经理一职。刚开始的时候，员工们见他成天到处跑市场、跑销路，一系列销售计划也制订得合情合理，忙得不可开交，便在心里头暗自庆幸选对了人，有的员工私下里还议论起年末奖金多少的事情来了。

可是，"新官上任三把火"烧完了，公司的销售业绩也已经有起色了，张先生便开始放松自己，变化之快出人意料。他那种唯我独尊独断专行的品行在具体的工作中表现得尤为明显。他完全不顾市场的实际情况，仅凭自己的主观臆想就要求下属去制订和落实销售计划。当下属们善意地向他提出意见和建议时，不是遭到他的拒绝，就是受到严厉的批评。久而久之，提意见的没有了，看笑话的多了。随之，整个销售部门的业绩直线下滑。

终于到了年底，销售人员不但未领到承诺的高额奖金，甚至连一部分工资也被扣发了。张先生的做法引起了众怒，下属们再也忍无可忍了，一起跑到总经理那里去告状。公司总经理也只好炒了张先生的鱿鱼。

张先生为自己的轻诺寡信付出的代价是沉重的。

在老百姓中流传着这样一首谣谚："光说不做，假把式；光做不说，傻把式；又做又说，好把式。"现实生活中，有一些干部由于意志和秉性所决定，往往喜欢说大话、说空话。其实，他们不明白：唱得好的，不如说得好的；说得好的，不如做得好的。更有一些人，干脆是说过了也就忘了，根本不把说过的话放在心上，不去实现承诺。最终这种光说不做的人不光会被人视为爱吹牛、说大话，而且还会留下一个言而无信的坏名声，让老百姓产生强烈的反感。

领导干部习惯于说大话，讲空话，开空头支票，比较明显的是"大跃进"年代，就是因为讲假话成风导致了生产力倒退的灾难；"文革"期间更是因为假话、大话、空话泛滥的"假、大、空"风气，致使整个国民经济滑向了崩溃的边缘。之后，人们痛定思痛，在清算极左思潮，批判假、大、空的基础上，拨乱反正，才拉开了改革开放的序幕。

如今，中国的改革开放已经走过了三十多年，成效斐然。在改革大潮滚滚向前的进程中，人们感受到讲真话的好处，愿意和敢于以真话来表达自由意愿，但近年来，说假话、说大话之风又开始盛行了。

比如几年前，某市发起"十万党员公开承诺"动员大会，要求全市党员干部制定各自的承诺书向社会公布。有市民当场质疑承诺书没有实质内容，套话多，像八股文一样，形式主义。更有甚者，一些地方的领导干部，体制内外、官场内外、会上会下、人前人后，往往是两种面孔、两种论调。危害最大的要属官场中说假话和欺上瞒下。比如，某某村长私吞了补助金，对村民说补助金没有发放，对上级说村民拿到补助金后如何如何高兴，怎么怎么感谢政府；政府又拨款为村里修路，路基刚打好村长说材料不足暂时停工，一停就是几年……说起理由，一些人会认为讲假话能保"官帽"，不然会被"一票否决"，为了自保就必骗，所以才有老百姓的话"一级骗一级，一直骗到党中央"！

说大话这种现象，在竞选的时候最能体现出来，比如某村要选村长，候选人一手拿着红包，一手拿着礼品，脸上堆着笑，走家串户地争取"民心"，不断承诺上台后如何如何为村子做贡献，怎样怎样带村民致富，往往这些人上台后，第一件事就是中饱私囊，先赚回竞选时的花费，早就把之前的承诺抛到脑后了……这类干部的表现是"开会说一套，做的是另一套，就是不见效"，简直是"语言上的巨人，行动上的矮子"。

作为党员干部，在自己没有百分百把握的时候，一定不要轻易许诺，有几分把握就实事求是地说几分，万万不可自吹自擂。有些事情如果不是对别人乱开空头支票，完全可以留下充分的回旋余地，到什么时候自己都有主动权。

不能只"坐位子"，不"挑担子"

在一个单位里面，任何事都起于管理，也止于管理。为了有效地工作，管理必须责任分明。杜鲁门任美国总统的时候，他在椭圆办公室挂了一块牌子："责任止于此处"。每位领导干部都应该以这句话为座右铭。有效的领导干部，会为事情的结果负起个人的责任。

"我的上级出差错，与我有什么关系？"你当然可以这样想。但是，如果你这样想，你的所作所为一定不会产生正面的影响力。

在这里，负不负责任，不是法律问题，也不是道德问题，而是心态问题。你可能会说，人的能力是有限的，不可能对什么事都负责。

但是你愿意负责任的事越多，你的领导能力就越强。负责任是提升自己领导能力的一个入口。一个领导干部的岗位有多重要，通常与他所负责任多少成正比。

习近平总书记指出："责任重于泰山，事业任重道远。"重任面前，勇于担当。勇，是智勇双全的勇，善于大处着眼，小处着手，勇于工作，勇于创新，勇于担当。面对失误勇于承担责任，绝不弄权推责、猥琐行事；面对歪风邪气勇于坚决斗争，敢于亮剑，绝不允许不良风气横行霸道；面对矛盾，敢于迎难而上，绝不畏手畏脚、推诿躲闪；面对危机，敢于挺身而出，绝不临阵脱逃。

党员干部肩负着民族复兴的重任，必须有责任重于泰山的意识。"为官避事平生耻"，党员干部要坚持党的原则第一、党的事业第一、人民利益第一，敢想、敢做、敢当。担当大小，也体现着党员干部的胸怀、勇气，有多大担当就能干多大事业。

能把困难果断地踩在脚下作为"垫脚石"，是检验党员干部作风的"试金石"。"坐位子"，要勇于"挑担子，湖南石油分公司总经理潘桂妹就是这样一位优秀党员干部。

潘桂妹是一名从基层一线成长起来的企业管理者，难得的经历让潘桂妹深切体会到：路是走出来的，事业是干出来的，只有抓住机遇苦干实干，才能使企业走上一条持续发展的阳光大道。

2000 年，潘桂妹担任衡阳石油分公司经理，当时正值中国石化重组上市。对照总部的发展战略，潘桂妹把抢占终端销售市场作为企业的"饭碗工程"来抓。不到 3 年时间，衡阳石油的加油站就从 23 座增加到 134 座，零售市场占有率由不足 20% 上升到 75%，年零售量在湖南全省 14 个地市公司中的排名也由倒数第二位跃升到第二位。

调任省公司后，各类经营主体纷纷进驻湖南。潘桂妹和班子成员把"网络立企"作为企业基本发展战略，积极促成湖南省政府与中国石化集团签订战略合作协议。为了完善网络，他们对照湖南省 122 个县市区城市发展和交通规划图，优选 275 个网点作为"十二五"期间重点发展目标。为了抢占先机，积极参与全省"十二五"规划编制工作，深入 14 个地市逐站逐项抓落实，有力提升了网络建设质量。

湖南石油公司"十二五"共新发展加油（气）站 226 座，新建、改造油库 16 座，建成成品油输油管道 700 多公里，取得 199 座高速公路加油站（服务区）经营权，占全省新增服务区总量比例的 82%。同时，把握"稳增长、促发展、强管理、保效益"这条主线，年年超额完成各项目标任务，市场占有率一直稳定在 70% 以上。

2011 年 5 月初，组织上安排潘桂妹担任湖南石油公司总经理、党委书记。任职文件还没下来，就遇到一场前所未有的危机——公司 4 月份外采的一批 93 号汽油投放岳阳市场，由于供应商违规添加国家标准检测范围外的物质，引发质量事件。

在总部和湖南省省委省政府的支持下，通过全体干部员工的努力，整个事件到当年 8 月份处置完毕。事件原因得以查明，受损车辆全部免费维修，1.8 亿元损失由不法供应商全额赔偿。整个处置过程平稳有序，他们讲诚信、负责任的态度赢得地方政府、媒体和消费者的高度认可。故障车主满意地说："还是中石化靠得住！"

勇于应对挑战，知难而上，夺取胜利，这是共产党人的优良品质。潘桂妹在困难面前勇于迎战，大胆地把困难踩在脚下。

毋庸讳言，还有许多党员干部畏艰怕难，面对困难缩手缩脚，躲躲闪闪；为了应付上级检查，必要时喜欢虚晃一枪，避实击虚，做些面子工程，把方便和好处留给自己，把困难和责任推给别人。可以断言，这样的干部绝不会是党的好干部。

坚持领导带头，做到以上率下

以上率下，其力无穷。这是被历史反复证明了的一条真理，也必将在今天被再一次证明。先哲孔子有句名言："政者，正也。子帅以正，孰敢不正。"道出了一个执政规律：执政者的表率作用，是清廉政治的最好榜样，对下能产生不可替代的感染力。

1. 以上率下，其力无穷

毛泽东曾经说过，政治路线确定以后，干部就是决定因素。一个地方要发展，党员干部尤其是领导干部是关键因素。

北平刚解放不久，一次毛泽东走进颐和园却不见人影，遂询问原因。工作人员解释说为保证安全，把人都清理出去了。他听后很生气地说："搞什么名堂？把水排干了，鱼还讲什么安全？"毛泽东关于党和群众鱼水关系的比喻，今天依然令人警醒。

邓小平曾说过，领导干部带头起模范作用"是整党不走过场的一个重要标志"。有道是：火车跑得快，全靠车头带。在第一批教育实践活动中，习近平总书记等中央政治局常委从自身做起，带头深入基层，深入一线，深入群众，问计于民、问需于民、问效于民，为全党树立了"以上率下"转作风、立标杆的范本，让广大百姓感受到了实实在在的成效。尤其是习近平总书记第一次出京考察不封路、不清场，赢得一片叫好声；中央纪委网站点名通报各地违反中央"八项规定"案例，被舆论称为"周一见"；河北省省委常委班子民主生活会媒体"现场播报"，看得更多省部级大员红脸出汗……治理文山会海、不搞迎来送往、压减"三公"经费开支、厉行勤俭节约、清理超标办公用房……党的十八大以来，党中央围绕加强作风建设举措频出，动作之快、力度之大、态度之坚决、影响之广泛、效果之明显，让广大党员干部"受到了猛击一掌的警醒"：对百姓，不敢轻慢了，有了亲近之心；对工作，不敢敷衍了，有了上进之心；对权力，不敢私用了，有了惕厉之心；对规则，不敢冒犯了，有了敬畏之心。

可见，以上率下是最大的带动力、贯彻力、执行力。榜样的力量是无穷的，一个地方，党政主要领导远离形式和作秀，做到民情在一线掌握，政策在一线落实，问题在一线解决，作风在一线转变，发展在一线体现，其他党员干部就会学有榜样，行有示范，不敢懈怠，进而真学、真做、真改，带动一方、影响一片，造福民生。

2. 表率作用，充分发挥

带头做出突出业绩，发挥领头羊作用，是领导干部表现自己的一个重要形式。做出更大的业绩，用业绩讲话，以业绩来树立威信。我们平常所说的"是骡子是马牵出来遛遛"就是这个道理。只要有真才实学，只要有能力做出真成绩，何愁没有威信，何愁不让人尊重？

刘先生上任伊始，一改前任管理者做事拖泥带水的风格，决心整顿公司内部的政务，并且制定出相应的对策，首先自己带头遵守公司的新规章，但效果并不理想，经过了解，才知下属员工对此有一种观察态度，不太信任他的能力和专业水平。鉴于此，刘先生决定亲临基层，与销售人员一道奋战，一个月后，公司业务量大增，效益也大为改观。部门内部赞叹声一片，从此，大家也以刘先生为榜样，勇于承担责任，积极主动干活，公司发展前景光明。

这就是典型的带头执行的例子。但同时也有一些领导干部，由于缺乏工作经验和领导能力，上任后被一些琐细的具体工作所淹没，被一些复杂的人际关系所缠绕，被一些细小的工作耗费了大部分精力，而使全局的工作失去平衡，更不能在业绩方面使下属信服，时间不长，没有了权威，弄得自己十分尴尬。

在管理一个部门或者单位时，可以先制定一个总体规则，然后明确任务，自己带头执行，并在一些具体实际的工作中做出榜样，用自己取得的业绩讲话，同时也让下属明白，在单位里，上下级关系并不是完全靠职务或权力，更要靠自己的能力，靠自己为单位所做贡献的大小来评价。

领导干部要严格要求自己，为下属多负担一点工作，做出一些成绩来给大家看看，只要用自己的行动干出实绩，下属自然会心服口服。俗话讲：群众的眼睛是雪亮的。下属最讨厌的就是光说不练，只要领导干部注意从实际业绩方面多做一些，给下属做个榜样，自然会得到下属的认可、同事的支持、上级的好评。

3. 以身作则，事半功倍

一个优秀的领导干部，遇到困难总要"先之以身"，遇到享受总要"后之以人"。要求别人做到的，自己率先做到，要他人不做的，自己率先不做。只有这样，领导干部才能够真正服人、正人，赢得他人的尊重。

"与其喊破嗓子，不如做出样子。"只有以身作则，以实际行动去影响人、激励人，才能起到事半功倍的效果。如果不学无术、夸夸其谈，说得多、做得少，就会使下属失望，挫伤下属的积极性，导致组织最终一盘散沙。

"其身正，不令而行，其身不正，虽令不从。"以自己的行动去带动别人，实际上也是对越轨行为的无声批评，其效应是正面批评无法代替的。

另外，如果下属出现失误，作为领导干部必须勇担责任，不要推诿于人。诸葛亮在失掉街亭之后，深责自己用人不当，自行请罪，被千古传颂。周恩来说得好："缺点和错误的改正要从领导做起，首先领导上要自我批评，要多负一些责任，问题总是同上面有关系的。"

久久为功

| 第八章 |
十个指头弹钢琴

　　强调统筹兼顾、综合平衡，突出重点、带动全局。学会十个指头弹钢琴的要义，在于不是也不可能是均衡用力，不是也不应该是眉毛胡子一把抓、西瓜芝麻一起捡，而是突出重点、主次有别，兼收并蓄、综合平衡。习近平总书记指出："在中国当领导人，必须在把情况搞清楚的基础上，统筹兼顾、综合平衡，突出重点、带动全局，有的时候要抓大放小、以大兼小，有的时候又要以小带大、小中见大，形象地说，就是要十个指头弹钢琴。"这是重要的领导艺术和工作方法。

临危不乱，妥善处理突发事件

现实生活中，有些人总是在事后才思考，那样只能为自己的失败找一个借口，绝不会帮助你成功。还有人事前事后都不思考，那就绝对失去了成功的机会。人的一生都是要在思考中度过的。事前要有所预见，遇事要深思熟虑再做定夺，做长远的打算，有所准备就不怕失败了。

有一位梁先生买了栋带大院的房子。他一搬进去，就将那院子全面整顿，杂草树木一律清除，改种自己新买的花卉。某日原先的屋主造访，进门后大吃一惊地问："那最名贵的牡丹哪里去了？"梁先生这才发现，他竟然把牡丹当草给铲了。后来他又买了一栋房子，虽然院子更是杂乱，他却是按兵不动，果然冬天以为是杂树的植物，春天里开了繁花；春天以为是野草的，夏天里成了锦簇；半年都没有动静的小树，秋天居然红了叶。直到暮秋，他才真正认清哪些是无用的植物，而大力铲除，并使所有珍贵的草木得以保存。

平时工作中，很多人都经常会在没有理清矛盾真正根源的时候就鲁莽行事，结果只能是让无辜的人受到惩罚，而那些真正错误的人却安然无恙。尽管他们的初衷可能是好的，但由于不够冷静，结果却走向了另外一个极端。原因就是在行动之前没有做过细致入微的调查，只是凭自己一时的冲动或者主观臆断行事，结果自然可想而知了！

作为党员干部，无论在什么岗位，担任什么职务，都应该能够顺应时代变化、社会变迁，顺应群众的新变化，把握群众的新诉求、新期待。并且能够做到经常深入实际、深入基层、深入群众，重视群众冷暖，关心群众生活，摆正同人民群众的关系，不断增强群众工作的本领，是不二法门。

近年来，部分领导干部在面对突发事件和危机挑战中，往往由于应对不当，引起一系列危机的次生灾害及社会矛盾，使政府和领导的公信力受到影响。

2008 年 7 月 19 日，云南省普洱市孟连傣族拉祜族佤族自治县发生严重的警民冲突，造成两名村民死亡，17 名村民、41 名公安民警受伤，成为一起影响极为恶劣的群体性事件，引发中央和社会高度关注。据相关部门调查，"7·19"事件的发生，有两个主要原因：一是当地少数领导干部与橡胶公司存在着千丝万缕的利益关系，严重地影响了党群、干群关系。二是当群众与橡胶公司出现利益纠纷时，个别干部作为既得利益者，无视群众的困难和感情，站到了老板一边，而非群众一边，干部的这种失职渎职行为，造成矛盾长期累积，最终一触即发。

云南"7·19"事件，折射的正是部分领导干部作风不扎实的执政现象：要么下基层次数少得可怜，要么把接地气视为走过场，要么以调研之名行私事之实。

这起事件一定程度上体现了当地官员应对突发事件手段的乏力，都是远离群众的不作为。难怪有群众说："现在交通方便了，反而离群众远了；通信发达了，反而和群众交流难了；干部文化水平提高了，群众工作的水平非但没有水涨船高，反而降低了。"这一强烈反差，不能不引起我们党员干部的深刻反思。须知，"开会＋不落实＝0""布置工作＋不检查＝0"。从观念到思想到行动，哪一个环节缺位，都会"一问三不知"，露出不扎实的马脚。党员干部只有用转变作风的实际行动，才能密切与群众的血肉联系，赢得群众的更多理解和真心拥护。

我们看到，当前突发事件多发，不但缘于科学技术的飞速发展，缘于人们民主意识、维权的日益增强，也缘于我国改革开放的不断深入。当今我国公民维护自身权益的意识、表达自身诉求的愿望日趋强烈，同时，随着互联网和手机等新工具的普及，微博、微信等新技术的应用，使"人人都有麦克风""人人都有摄像头""大家都是新闻人"成为"自媒体"时代最为显著的特征，各种利益相互冲突，各种思想相互激荡，一个个社会焦点、热点话题，接二连三出现……本来是一些"小事""小纠纷"，经过快速传播和持续发酵，却演变成危害极大的舆论危机事件。

在这样的新形势下做好群众工作，需要投入更多心力、汲取更大智慧。一方面，群众的主体处于变动之中。另一方面，党从来就不是象牙塔、绝缘体，党员干部也难免濡染不良风气、面对利益拷问。这就要求党员干部在"以不变应万变"中练就金刚不坏之身，不断提高处理问题的能力。如何妥善应对和处理公共突发事件，一定要超前掌握信息，判明情况，再有针对性地制订应对原则、态度和措施；应勇于面对、敢于担当，及时给予道歉和承诺，回应公众的关切，领导干部必须亲临现场，靠前掌控，找准平衡点；遏制时要及时制止动乱，恢复秩序，避免事件处置中的次生危机和事态升级；耐心细致地做解释工作，化解矛盾时要就事论事，以群众诉求为中心解决具体问题，力争达成共识，消除公众对政府的疑虑；要通过权威媒体渠道发布政府的声音，迅速公布事实真相，全方位引导社会舆情，让真相走在谣言前面，不要隐瞒，更不要说谎，避免其他社会矛盾产生；对失职渎职官员要迅速问责，重塑党和政府形象。

知关节、得要领，善于举重若轻

做好各方面的工作，关键是要狠抓落实。狠抓落实，就是实事求是，脚踏实地，扎实工作，集中精力抓大事，注意解决工作中的难点和群众关心的热点问题，特别要着力解决涉及全局的突出问题，防止和克服主观主义、官僚主义和形式主义，把统揽全局的精心部署和各项任务真正落到实处。

然而，脚踏实地、狠抓落实，不是傻干蛮干，而是要懂得轻重缓急，知关节、得要领，善于举重若轻，方能事半功倍。

所谓举重若轻，指的是举起沉重的东西像是在摆弄轻的东西。比喻能力强，能够轻松地胜任繁重的工作或处理困难的问题。在工作中，强调的是摆正心态，敢于面对困难。现在往往形容深谋远虑，胆魄过人，面对困难和险境时从容不迫、应对自如，有泰山崩于前而色不变之气概。举重若轻，是领导干部的至高境界之一。

学会举重若轻，前提是具备举重的实力。实力与举重的要求相去甚远，心中自然就有很大的压力，无论怎样也学不来举重若轻。而在具备举重的实力后，是否能举起重来，还取决于其心理素质。否则，即使可以完成的任务、本来可以克服的困难，却因心慌意乱而处置不当，终致功败垂成。当然，举重若轻的最终目的是更好地举重，而非弃重。因此，不可将其误解为"举重若无"，完全不把重任或困难当回事，消极面对，也是难当重任的。只有在战略上藐视"重",在战术上重视"重",才算领悟到举重若轻之真谛。

古往今来,成大事者大都从容不迫,举重若轻。不论事情有多难,压力有多大,都要保持平和的心态,选择最优策略,从容应对。第二次世界大战时,艾森豪威尔统领数百万大军,关系到世界的安定,人问其忙得过来否?他说:"我不忙,我只是领导海陆空三个总司令而已。能够分层负责,所以举重若轻。"

对于邓小平,周恩来总理当年有一个很有味道的评价:"举重若轻。"就是说,邓小平在领导风格上有一种迅速摆脱细枝末节的纠缠,直指战略目标的大气。伟人就是伟人,目光如炬,一语中的。

在过去的政治生涯中,无论遇到什么样的艰难险阻,邓小平都能从容镇定地驾驭局势,引导着党的事业在曲折中前进;同时也以乐观的态度经受了"三落三起"的严峻考验,多次在人生磨难中找到了新的希望。

粉碎"四人帮"后,党的工作还在徘徊。一些人提出"两个凡是",动不动就用毛泽东指示过的、决策过的来压人,不准越雷池一步。显然,不破除"两个凡是"的束缚,就难以迈开新的步伐。重新工作后的邓小平敏锐地意识到,"两个凡是"的要害就是以维护毛主席为名而坚持毛泽东晚年的错误,目的是维护他们在"文革"中得到的既得利益。针对被搞乱了的思想理论是非,他明确提出"要用准确的、完整的毛泽东思想来指导我们全党、全军和全国人民,把我们党的事业、社会主义的事业和国际共产主义运动的事业推向前进。"并明确指出,毛泽东思想的精髓是实事求是。这就提出了如何端正思想路线、正确对待毛泽东思想的问题,初步打乱了"凡是派"的阵脚。经过初步较量之后,邓小平进一步旗帜鲜明地指出:"一个党,一个国家,一个民族,如果一切从本本出发,思想僵化,迷信盛行,那它就不能前进,它的生机就停止了,就要亡党亡国。"他以成熟政治家的远见和智慧,果断地领导和支持"实践是检验真理的唯一标准"的大讨论,巧妙地用毛泽东同志一贯倡导的实事求是思想,来对付被某些人视为护身符的"两个凡是"。

党的十一届三中全会后，作为党的第二代领导集体的核心，作为中国改革的总设计师，邓小平举重若轻的领导风范表达得淋漓尽致。面对异常复杂的局面，以他特有的明快风格，领导制定和实施了一系列正确的路线、方针、政策，率领全党和全国人民经历了一系列考验，初步走出了一条建设有中国特色社会主义的道路。

特别是他在 1992 年的南方谈话，信步闲谈间指点出了中国改革的大方向，绘就了中国改革的大蓝图。南方谈话提出的一系列改革理念都已成为今日中国改革的实践。比如，市场不过是一种手段，资本主义能用，社会主义也能用；发展总是不平衡的，让一部分人先富起来带动大家共同富裕何乐而不为；不争论是为了争取时间干，不要把事情搞复杂了，等等。这些理念确立了改革的大方向，让我们受益无穷。

能举重若轻往往是有超强的实力和自信的表现。即使困难很大，所有问题无法一蹴而就地解决，也能分轻重缓急，制定分阶段计划，循序而渐进。无论事情多么繁杂凌乱，总有关键核心，解决这个关键，则其余就迎刃而解。

举重若轻是一种处事方法，事实上，任何人的精力和时间都是有限的，谁也不可能在有限的时间里独力处理好所面临的一切事务。一张一弛，文武之道。一般来讲，作为主要领导干部必须善于抓大事，抓全局性的问题，调动一班人的积极性。舍得放手，善于放手，有些事情放一放再处理，有些事情交给别人去处理，给自己留下必须亲自处理而且马上处理的重要工作去做。这样才能游刃有余，举重若轻。还有在对下属的工作进行部署安排、督促检查时，也要举重若轻，不能包办代替，要留有余地，给下属留下发挥的空间。但是，这并不意味着就一定不要"举轻若重"。比如，工作中经常遇到一些重大、关键的事情，搞不好有可能造成重大损失，一定要"举轻若重"，包括要注重细节，注重每一个环节，以积极的态度应对繁复的矛盾，防微杜渐，追求完美。总之，两者相辅相成、缺一不可。领导干部要在实践中必须取人之长，补己之短，不断提高自身素质。

凡事提前规划好，方方面面考虑到

不谋全局者，不足谋一隅，不考虑大局难以抓好工作落实。干事，往往涉及很多层面、很多因素，如同一个系统工程，需要统筹考虑，科学谋划。

古人云：愚者暗于成事，智者见于未萌。一个人工作水平的高低，主要取决于其谋事的能力。"谋"，在做事的所有环节中至关重要，对一件事的成败起着决定性的作用。做事前谋与不谋，效果是截然不同的。

有句古话叫作"谋事在人，成事在天"，其实未必见得。凡事只要认真、科学、积极地去谋划，胜算就会掌握在自己手中。"谋"，可以把不可能转化为可能，把常规转化为超常规，甚至把似乎已成定局的失败转化为奇迹般的成功。

做事没有计划、没有条理的人，无论从事哪一行都不可能取得成绩。一个在商界颇有名气的经理人把"做事没有条理"列为许多公司失败的一个重要原因。事实上，做事有计划对于一个人来说，不仅是一种做事的习惯，更重要的是反映了他的做事态度，是能否取得成就的重要因素。

一个人要想做成一番大事，必须善于思考，多问几个为什么？只有养成了勤于思考的习惯，在事业的开创过程中，不断地思考，思考自己所做过的、正在做的和将要做的事情；不断地提出问题，看一看哪些是需要弥补的不足之处，哪些是应该改正的错误之处，哪些是该向人请教的不明处……唯有如此，才会前进，才能成功。

在日常工作中，我们也经常看到有这样的干部，从表面上看，他们工作很敬业、很努力，可是结果总不是特别令人满意，原因就在于做事情没有"多想几步"的习惯。

小李和小王几乎是同时进入一家餐饮公司工作的，开始时大家都一样，从最底层干起。可不久小李受到老板的青睐，一再被提升，从普通职员晋升为部门主管。小王却像被遗忘了一般，还在最底层里面混，什么原因呢？小王自己也搞不明白。终于有一天小王忍无可忍，向老板提出辞呈，并痛斥老板狗眼看人，辛勤工作的人不提拔，倒提拔那些吹牛拍马屁的人。

老板耐心地听着，他了解这个小伙子，工作肯吃苦，但似乎总缺了点什么，缺什么呢？三言两语说不清楚，说了他也不服，老板忽然有了个主意。

"小王"，老板说，"你马上到市场上去，看看今天有什么卖的。"

小王很快从市场上回来说，刚才市场上只有一个菜贩子拉了车西红柿在卖。

"一车大约有多少筐，多少斤？"老板问。

小王又跑去，回来后说有30筐。

"价格是多少？"小王再次跑到市场上。

老板望着跑得气喘吁吁的小王说："请休息一会儿吧，看看小李是怎么做的。"说完叫来小李，对他说："小李，你马上到市场上去，看看今天有什么卖的。"

小李很快从市场上回来了，汇报说到现在为止只有一个菜贩子在卖西红柿，有30筐，价格适中，质量很好，他还顺便带回几个让老板看。据他看这个贩子的价格还公道，可以进一些货。

老板看了一眼红了脸的小王，说："你明白了吗？"

通过小李和小王这两个人的故事，我们领悟到了什么呢？在单位里面，总是有些这样的人，从表面上看，他们看似整天忙忙碌碌，昏头转向，可是工作效果却不是特别令人满意，原因就在于做事情没有"多想几步"，头痛医头脚痛医脚，不能够方方面面都考虑周全。这样不仅耽误时间，也浪费了精力，无论是对个人还是单位，都没有丝毫的益处。

当然，勤于思考，善于动脑还应该体现在要把心思用在做好本职工作上，爱岗敬业，以高度的责任心、使命感和进取精神做好自己分内的工作，集中精力把业务弄通弄懂，成为行家里手，卓有成效地开展工作。否则对工作漫不经心，当一天和尚撞一天钟，好高骛远，见异思迁，是不会成就一番事业的。因此，我们做任何工作都一定要专心，只有专心做事才能在本职岗位上有所作为。

党员干部要想掌握实干的方法，还必须把解放思想和实事求是统一起来，把高涨的工作热情与严谨的科学态度结合起来，牢固树立超前意识，凡事早部署、早谋划、早安排，增强抓落实的超前性、预见性，不能推着走、干着看，临时抱佛脚肯定干不好工作。在日常工作中勤动脑筋，善于总结创新，努力打开工作的新局面。

紧张快干、精细操作、创新进取、坚忍不拔

人，不是在奋斗中生活，就是在等待中度日。许多"胸怀大志"的人，事业未成，很重要的原因就是因为"在等待中度日"。他们的想法是：等到了明天，条件具备了，那时再为理想的实现、事业的成功而奋斗。这些人在等待中度日，大好时光过去了，一事无成在所难免。昨天，已经过去；

明天，还没到来。人生是由若干个"今天的现在"连接而成的。作为领导干部，应当抓住"今天的现在"，从"今天的现在"开始奋斗，不能以种种理由去等待明天，不能在等待中让"今天的现在"像流水一样失去。

1. 紧张快干，想好了就要行动

有这样一个故事，说是从前在四川有两个和尚，一个是穷得没饭吃，另一个是富得钱如山。有一天，穷和尚问富和尚到南海取经得走哪条路。富和尚问："南海那么远，你凭什么去？"穷和尚一手举个瓶子，一手举个小钵，说："就凭这个，用瓶子装水，用钵装饭。"富和尚笑得拍手打掌，前俯后仰，笑出了眼泪说："老弟真会开玩笑。我想去南海取经，又造船，又选人，准备了好几年也没去成。南海那么远，你这种条件能去成吗？"穷和尚没有继续和富和尚争辩，立即开始了去南海取经的征程。一年后，穷和尚回来了，看见富和尚的准备工作仍未就绪，就告诉富和尚，他已经从南海取经回来了，富和尚羞得面红耳赤。

穷和尚不等条件，不等明天，说走就走，说干就干。这种要干就从今天起、从现在开始的精神，才是干事业者应有的精神。但是，在现实生活中具有这种优秀品质的人并不是很多，相反，只要你认真观察周围的人，有很多人都是在关键时刻左顾右盼，进退两难，就这样错过了时机。

俗话说："说一尺不如行一寸。"任何理想、任何计划最终必然要落实到行动上。只有行动才能缩短自己与目标之间的距离，只有行动才能把理想变为现实。做好每件事，既要心动，更要行动，不去流汗行动，成功就是一句空话。我们应该懂得，要成功，光有梦想是不够的，还必须拥有一定要成功的决心，配合实际行动，坚持到底，方能成功。

2. 精细操作，不忽略细节上的完美

我们常说要追求卓越，其实卓越同时也是苛求细节的一种具体表现，卓越并非高不可攀，也不是遥不可及，只要我们从自己做起，从日常的每一件小事做起，并把它做精做细，一定可以达到卓越的状态。

上海锦江饭店在细节服务上是世界一流水平。1984年，美国前总统里

根到上海访问，下榻锦江饭店。里根总统和夫人南希早上起来，服务人员已经准备好了晨衣，里根和夫人一穿上，不由得惊讶起来："这么合身！就像为我们量了尺寸定做的。"

里根和夫人没有想到，锦江饭店早已留有他们这方面的资料，而且还知道南希喜欢鲜艳的红色服饰，事先专门为她定做了大红缎子的晨衣。

为了感谢锦江饭店出色的服务，里根在离开锦江饭店时，除在留言簿上留下他的赞誉之词外，还特地将他们夫妇的合影照片夹在留言簿内，并在背面签有"赠给锦江饭店留念"字样。

类似发生在锦江饭店的事情还有很多。后来，意大利前总统佩尔蒂尼访问中国，来到上海的时候下榻锦江饭店，住进了总统套房。佩尔蒂尼进入房间后，取出自己的物品，并将电动剃须刀放在盥洗台上。

这时候负责为总统服务的服务人员发现，总统带的电动剃须刀是三插头的，而锦江饭店客房内的电源均为两眼插座。

第二天早上，总统按铃之后，服务人员便迅速走进他的房间，还没有等总统开口，就把事先准备好的三眼插座递了过去。总统惊讶地接过插座说："太好了，我刚发现插座不能用，你就给我送来了三眼插座，服务真周到！"

这位服务人员周到的服务使总统惊赞不已，在访问我国其他城市时，他还对这件事情津津乐道，不住地赞扬。

不要忽略每一个细节，也许影响全局的就是这些细微之处，我们不缺少雄韬伟略的战略家，缺少的是精益求精的执行者。党员干部做任何工作，必须进行科学、细致的观察和研究，才能防患于未然，任何麻痹和对细节的忽视都会带来难以想象的后果。细节把握得准确，可以使很多工作顺风顺水，细节的疏忽会毁坏一个宏伟的规划。因为我们每个人所做的事情，都是由一件件小事构成的。把每一件事做到极其完美的程度，必须付出你的所有热情和努力。

要么不做，要做就做最好。党员干部如果能恪守"苛求细节的完美"

这一格言，能够认真对待每一件小事，那么寻常的事情也会做得不寻常。

3. 创新进取，让一切皆有可能

创新是一个民族进步的灵魂，是一个国家兴旺发达的不竭动力。对于党员干部来讲，发展的新思路、改革的新突破、开放的新局面，不通过增强创新意识、实施创新的举措是得不到的。

有一年，美国北方格外严寒，大雪纷飞，电线上积满冰雪，大跨度的电线常被积雪压断，严重影响通信。

许多人试图解决这一问题，但都未能如愿。有人提出设计一种专用的电线清雪机、有人想到用电加热来化解冰雪，也有人建议用振荡技术来清除积雪，还有人提出能否带上几把大扫帚，乘坐直升飞机去扫电线上的积雪。对于这种"坐飞机扫雪"的设想，尽管大家心里觉得滑稽可笑，但在会上也无人提出批评。

相反，一个工程师在百思不得其解时，听到坐飞机扫雪的想法后，大脑突然受到冲击，一种简单可行且高效的清雪方法冒了出来。他想，每当大雪过后，出动直升机沿积雪严重的电线飞行，依靠高速旋转的螺旋桨即可将电线上的积雪迅速扇落。他马上提出"用直升飞机扇雪"的新设想，顿时又引起其他与会者的联想，有关用飞机除雪的主意一下子又多了七八条。不到一个小时，与会的 10 名技术人员共提出 90 多条新设想。

会后，公司组织专家对设想进行分类论证。专家们认为设计专用清雪机，采用电热或电磁振荡等方法清除电线上的积雪，在技术上虽然可行，但研制费用高、周期长，一时难以见效。那些因"坐飞机扫雪"激发出来的几个设想，倒是大胆的新方案，如果可行，将是一种既简单又高效的好办法。经过现场试验，发现用直升飞机扇雪真能奏效，一个久悬未决的难题终于得到了巧妙解决。

当你对现实不满时，将采取什么态度？大发牢骚还是努力去改变现状？发牢骚只是无能的表现；正视现实，并积极寻求改进方法，才是正确的选择。

其实，创新并不是高不可攀的事，每个人都有创新的能力。创新能力是每个正常人所具有的自然属性与内在潜能，创新能力与其他能力一样，是可以通过教育、训练而激发出来并在实践中不断得到提高和发展的。

作为党员干部怎样增强创新意识，在理论和实践两方面进行富有成效的创新？

坚持理论学习，解放思想，要求各级领导干部努力掌握观察事物、解决问题、推进工作的正确思想方法，加深对实际问题的理论思考，时刻保持旺盛的创造力和强大的战斗力。同时，注意学习做好领导工作所需要的各种知识，使视野更开阔、思路更清晰、措施更切实、工作更有效。敢于"吃螃蟹"，善于"初生牛犊不怕虎"，勇于突破旧框框，重新思考，重新探索，大胆提出新思路、新举措，并结合实际情况提出解决问题的新方案，进行科学实践。对本地、本部门一些影响深远、涉及全局的战略问题，尤其是对那些长期困扰和制约发展的老大难问题，要坚持一切从实际出发，认真查找差距、问题和弱点，拓展创新思路，实现新的发展。

4. 坚忍不拔，永远不言放弃

1948 年，牛津大学举办了一次主题为"成功秘诀"的讲座，邀请到当时声誉已登峰造极的伟人丘吉尔来演讲。三个月前，媒体就开始炒作，各界人士引颈等待，翘首以盼，人们都准备洗耳恭听这位政治家、外交家、文学家的成功秘诀。

这一天终于到了，会场上人山人海、水泄不通，全世界各大新闻媒体都到齐了。丘吉尔用手势止住大家雷鸣般的掌声后说："我有三个成功秘诀：第一是百折不挠；第二是永不放弃；第三是百折不挠、永不放弃！我的演讲结束了。"会场上沉寂了一分钟后，才爆发出经久不息的掌声。

正是这种卧薪尝胆百折不挠、永不放弃的战斗精神使许许多多的人取得了成功。

作为党员干部不管做什么事，都要有锲而不舍的精神，要有水滴石穿的功夫，做到一刻不松，一着不让，一环不放，一如既往，一做到底。做事贵在坚持，也难在坚持，坚持到底就是胜利。

随需而变，在顺应大势中大显身手

变化，已成为时代发展的主旋律。竞争激烈和变化快速成为现代企业的经营环境。在新环境当中，统一的单一需求的市场不复存在，无差异化目标市场战略彻底失效，而且也使一般程度的市场细分战略收效甚微。新经济时代对企业而言，意味着一个前所未有的急剧变化的时代。

达尔文曾说过，能够生生不息的物种既不是最强大的物种，也不是最聪明的物种，而是最能够适应变化的物种。达尔文这段箴言的精髓就是随需而变。面对不可预测的变化，企业唯一的战略就是能够随需而变，使自己变得更具适应性。显然，适应性意味着比再造、灵捷、柔性等更为广泛和更为深刻的内涵，它要求企业随着变化的进程做出合适而快速的反应，因此，适应性战略也是富有效率的新型企业战略。

中国石油华北油田公司党组书记袁明生，曾任中国石油吐哈油田公司总经理、党委副书记，吐哈石油勘探开发指挥部指挥。在进入吐哈油田之前，吐哈的状况并不理想。作为合同乙方的石油勘探开发企业，往往抱着只要不停工，有任务做就能有增长的态度，在竞标时不惜以很低的利润来"抢"一份活做。而甲方则抓住了乙方要找活干的心理，在下一次竞标时则会把价压得更低。由此，造成了整个石油勘探服务市场的恶性竞争和循环。

面对这种情况，袁明生担任总指挥后，提出企业今后的发展必须要转变思路，一是把重视发展速度转变为重视发展质量，二是把企业的发展模式从粗放型经营转变为精细化经营。把工程队伍从那些低效、无效的市场当中撤出来，把设备、人员往效益好的市场集中。

这个想法在很多吐哈的老职员心中几乎等于天方夜谭。他们无法想象，本来做这么多就赚不到多少钱，还要撤出来，这不等于是自断生路吗？尤其是那些为开拓市场付出巨大代价的管理人员更是想不通，这样轻易撤出市场，就意味着自己曾经辛辛苦苦地抢夺市场的努力付诸东流了。从企业自身的发展考虑，撤出市场不干活，那样的风险也是无法承受的。

大家的不理解早就在袁明生的意料当中，不管干什么事，最难的总是转变思想。他硬性地实施了他的战略方案，进行强行撤退。

当他强行命令队伍撤退的时候，一直把价压得很低的甲方也进行了成本核算，觉得乙方要求的价格并不过分，一旦现在乙方撤退，再去找其他工程队则会大大影响打井的进程以及油田的产油量，而早一天出油，对于甲方来说意味着就早一天得到巨额收益。

当甲方把这个利益关系算清楚的时候，他们又把袁明生请回了谈判桌。这个时候，袁明生要谈的就不是这一次的价格问题，而是讲双赢的事了。他告诉甲方，加价不仅仅是乙方受益的事情，一旦甲方把价格提上去了，乙方工作的安全有保障、待遇有着落了，工人的积极性也就上来了。更重要的是，当乙方得到的收入充足时，乙方就可以尝试新开发的技术了，而一旦用上新技术，则更能提高打井的速度和工作的效率。

经过一番又一番谈判，袁明生对吐哈的市场选择进行了大手笔的调整。对那些能够通过谈判达成共识的项目，则把队伍集中过去；而那些不能经由谈判形成新协议的，则果断地把队伍撤出来。经过这样一番调整后，吐哈石油勘探队伍的效率提高了。一旦成本有了保证，新技术也可以得到施展的空间，由此带来的是更高的工程质量和更快的速度，这样形成的就是一个良性循环。吐哈的队伍在这个循环中越做越好，越做越有市场。在这样一个集中市场的规模经营当中，不仅管理的成本有所俭省，同时还更利于技术创新，吐哈的队伍在新技术的武装下越来越有优势。吐哈石油勘探开发队伍每个月都创同比历史新高。到年底盘算的时候，所创收益大家想都不敢想，2005年仅仅用了半年就与2004年全年的收入持平，而2005年下半年更是一口气增加了十几个亿的收入。

就是这样，袁明生呕心沥血地推动企业发展，以超前的战略眼光、果敢的决策能力、高超的组织能力、务实的工作作风带领广大干部职工，始终坚持发展是第一要务，科学制定油田发展思路、目标任务和工作部署。在他的带领下，吐哈油田改革发展稳定各项工作取得突出业绩，为开发建设新疆做出了突出贡献。他个人先后荣获全国"五一"劳动奖章、开发建设新疆奖章等20余项荣誉。

可见，因事而谋，顺势而为，随需而变，顺应了信息时代对企业运行的需求，谁能够不断调整，谁就会具有强大的竞争力，否则就会被市场和客户所淘汰和抛弃。随需而变是变革时代企业战略思想创新和管理模式创新的一大突破，为企业在变幻莫测的市场环境中指明了发展方向。

新常态下，建设服务型机关和做企业一样，都得放眼全局和顺应大势，顺势而为，应势而动，悉心了解群众所盼，热切回应群众的呼声，这是我们赢在现在的前提，更是实现辉煌未来的重要保障。

统筹兼顾，十个手指弹钢琴

统筹兼顾是一个比较流行的词汇和说法。统筹，就是全盘考虑，不谋全局者不足以谋一隅，喜欢下围棋的人都知道，没有全盘考虑和长远打算，别说一盘棋的输赢没有把握，一颗棋子的死活都会成为大问题。兼，原意是一手拿两棵禾苗，民以食为天，一手拿两禾，总会饿不着，鱼与熊掌兼得，德才兼备，这个"兼"的意思就是同时得到几样东西，和"顾"连起来那就是要同时照顾处理好几个方面，不能顾此失彼，不能丢三落四。

2003 年宋德福担任福建省委书记，在省政协召开的港澳人士座谈会上，讲到统筹兼顾时举了一个例子：喝酒时为什么要碰杯？因为嘴巴可以品尝酒味，眼睛可以看见酒色，鼻子可以闻到酒香，都有事干、都有享受，唯独耳朵闲着，因此想了一个办法——碰杯！悦耳动听的碰杯声，可以使耳朵也参与进来，得到享受。这就是统筹兼顾。大家都有事干，大家都有成果，多赢、共享、和谐。

1938 年 10 月，毛泽东在《中国共产党在民族战争中的地位》一文中，强调"共产党员在领导群众同敌人作斗争的时候，必须有照顾全局、照顾多数及和同盟一道工作的观点"。以后，又多次提到统筹兼顾的思想。比如，1956 年 4 月，在《论十大关系》中，毛泽东围绕调动一切积极因素，建设社会主义现代化强国这个目标，集中论述和突出强调了统筹兼顾这个基本思想；真正把统筹兼顾作为治国方略，是在 1957 年 1 月的省市自治区党委书记会议上，毛泽东说："现在我们管事了。我们的方针就是统筹兼顾、各得其所。"

从毛泽东这些重要论述和观点来看，检验统筹兼顾的结果和效果，就要看工作中统筹的对象和兼顾的内容，是否做到了各得其所并能各安其所。

在新中国成立前夕的 1949 年 3 月，毛泽东在《党委会的工作方法》一文中又提出："党委的同志必须学会'弹钢琴'。弹钢琴要十个指头都动作，不能有的动，有的不动。但是，十个指头同时都按下去，那也不成调子。要产生好的音乐，十个指头的动作要有节奏，要互相配合。党委要抓紧中心工作，又要围绕中心工作而同时开展其他方面的工作。我们现在管的方面很多，各地、各军、各部门的工作，都要照顾到，不能只注意一部分问题而把别的丢掉。"并强调说："凡是有问题的地方都要点一下，这个方法我们一定要学会。钢琴有人弹得好，有人弹得不好，这两种人弹出来的调子差别很大。党委的同志必须学好'弹钢琴'。""弹钢琴"，懂得协调、配合很重要。

毛泽东提出的这一"弹钢琴"的工作法，实则是把统筹兼顾、科学办公的工作法比喻成了"弹钢琴"。他的意思是说，做事情要全方位考虑。十个手指头相互协调配合，动作得有节奏，才能够演奏好一部音乐。具体应用到日常工作中，就是要围绕中心工作，同时兼顾其他方方面面的事情，只重视一部分问题忽视其他问题的做法要不得。只有抓住了重点问题，处理好主要矛盾，同时次要矛盾也要兼顾，这样，才能稳步扎实地开展工作。

当前，新常态下经济社会发展将面临更复杂、更严峻的挑战，同时也将迎来更新更大的机遇。这都对各级党员干部的能力素质提出了更高的要求。2014 年 7 月 6 日，浙江省委书记夏宝龙在省委常委扩大会议上提出了"工作十法"，充分反映了辩证唯物主义、历史唯物主义的世界观和方法论，全面贯彻了习近平总书记关于科学的思想方法和工作方法的一系列重要论述，为我们分析解决问题、推动工作落实提供了有效途径。"工作十法"中，第一种就是十个指头弹钢琴的统筹兼顾法。比如，扩大有效投资是浙江省委、省政府的重大决策。省发改委作为牵头部门，发挥"冲锋队"作用，联动各方、精准发力、攻坚克难，坚决打好扩大有效投资这场硬战。2014 年上半年全省固定资产投资增长 17%，对经济增长贡献率在 64% 左右。一是挥好促投资稳增长"指挥棒"。抓统筹，年初签订责任状，每季督查、年底考核。抓协调，组织"强服务、促投资"专项服务行动，帮助解决 100 多个政策处理等难题。抓引领，打破要素均衡化配置，运用好对省重点项目"四个优先支持"、对省重大产业项目建立"事后奖励"用地保障等政策，培育引进一批"大好高"项目。二是敲响重大项目建设"重音符"。抓前期，完善浙商回归、引进外资、央企对接工作机制，招引一批标杆性重大项目。抓开工，新增重点项目开工率达 53.5%，比上年高 14.5 个百分点。抓在建，平均每 4 个工作日开一次协调会，破解征地拆迁等难题。

"411"重大项目完成投资 3300 亿元，为年度目标的 52.4%。三是彰显民间投资"主角色"。抓政策，推动促进民办教育等政策落实，制定铁路等投融资改革方案。抓试点，制定温台民间投资改革创新示范方案，再推一批面向民资招商推介示范项目，扩大民资准入。抓审批，启动"三张清单一张网"改革，极大激发市场主体活力。进一步扩大有效投资，通过坚持狠抓招商引资统筹、政策落实统筹、项目推进统筹，浙江省形成齐心协力促投资、你追我赶抓项目的生动局面。

就我们目前面临的工作任务，远远要比"88 个钢琴琴键"更多，更复杂，更繁重。我们担负的"独奏、重奏、伴奏等演出"任务，每每不同；这就要根据演出需要，十个指头该用力就用力，该轻弹就轻弹，善于把握轻重缓急，才会弹奏出悦耳的声音。倘若不管整部音乐的协调，十个指头用同样的力气，不是"抢戏"，就是"跟不上节拍"，这样演奏出来的音乐，也不会悦耳动听，赏心悦目。

习近平总书记指出："在中国当领导人，必须在把情况搞清楚的基础上，统筹兼顾、综合平衡，突出重点、带动全局，有的时候要抓大放小、以大兼小，有的时候又要以小带大，小中见大，形象地说，就是要十个指头弹钢琴。"这是重要的领导艺术和工作方法，各级党员干部无论是在做管理、协调，还是在做保障和服务的时候，必须注意和更好的应用，既要突出重点，又要统筹兼顾，既要立足长远，又要脚踏实地，通过一步一个脚印的实干，统筹推进发展提质、建设提质、管理提质、服务提质，演奏出推动经济社会更好更快发展的和谐乐章，不断提升人民群众的认同感、舒适感、愉悦感和幸福感。

第九章

打铁还需自身硬

"要加强对权力运行的制约和监督，把权力关进制度的笼子里，形成不敢腐的惩戒机制、不能腐的防范机制、不易腐的保障机制。"习近平总书记强调："一个政权的瓦解往往是从思想领域开始的，政治动荡、政权更迭可能在一夜之间发生，但思想演化是个长期过程。思想防线被攻破了，其他防线也就很难守住。我们必须把意识形态工作的领导权、管理权、话语权牢牢掌握在手中，任何时候都不能旁落，否则就要犯无可挽回的历史性错误。"

定力：从"不敢"到"不能""不想"

　　定力，是修养要达到的一种境界，有了一定的操守之后，就能够做到坐怀不乱，处事不惊，临危不惧，泰山压顶不变色。习近平总书记把这个词拿过来加以改造，赋予它特别的含义：一种叫作政治定力，即坚定的理想信念；一种叫作战略定力，就是稳重、大气，有长远战略眼光，沉得住气。还有就是廉洁定力，是指包括领导在内的党员干部应该具备的道德操守与能力，手中拥有权力，还要用好权力，不能在廉洁问题上犯错误，这是为官为政的前提和基础。有了廉洁定力，才能把个人欲望降到最低点，把理想信念升华到最高点。

　　讲定力，不得不说中国历史上有名的清官海瑞，他一生清廉，即便是到了生命的最后时刻，他给儿子留下的遗言同样含义深刻、发人深省："明天，你送七钱银子到兵部。"为什么他临死前会说这句话呢？因为在他去世的前一天，兵部派士兵送来了过冬取暖用的柴火。他发现，送来的比规定的多了，于是死前让人把多出来的柴火折成银子送回去。这就是定力，临死都不占公家半点便宜，有这种意识在，怎么能不清廉？

　　五千年的文明古国，不缺少建立和谐社会所必不可少的道德传承。令人痛心的是，随着改革开放的进行，财富和金钱的剧增颠倒了一些人对是非荣辱的认知，失去了最基本的定力。由于某些人骨子里根本没把党和国家的法纪当回事，没有将其作为检验是非的标准，在工作和生活中，不仅没有把违法乱纪看作是一种耻辱，反而把善钻法纪空子当成是自己的"能力"。

煤业大亨邢利斌纵横商场多年，在当地政、商两界人脉极广，经营的山西联盛能源有限公司是山西省最大的民营煤炭企业，曾因"7000万元嫁女事件"而广为人知。

2014年3月12日，邢利斌被带走调查后，陆续有吕梁现任或前任官员落马。其中包括已退休的吕梁市分管煤炭工业的副市长张中生，以及曾在吕梁任市委书记、后升任山西省委常委的杜善学和聂春玉。其后一周，吕梁市又有3名重量级煤炭、钢铁领域企业家被带走调查。

据悉，聂春玉此前曾主政吕梁8年，彼时正值煤炭的黄金时期，积极推动了两次煤改，在此过程中吕梁出现了多位能源大鳄，这些煤业大亨本人或者亲属在市政协和政府部门任职，家族横跨政、商两界，影响力大过县委书记。

在聂春玉执政期间，当地官商勾结现象非常严重，煤老板与当地官员相互支持、利用，形成政商互动关系网，官员竞选时找老板借款或由老板资助上位，即由老板资助官员买官；而老板遇到问题，由官员出面摆平。以邢利斌为例，"7000万元嫁女"风波后，聂春玉曾多次在公开场合为邢利斌说好话。邢利斌在几次约吕梁某重要领导吃饭未果后，聂春玉又拉下身段亲自打电话相邀。当然，所有与邢利斌案有勾结的贪官均被一网打尽。

正是由于聂春玉等部分领导干部面对诱惑站不稳脚跟，缺乏定力，在各种诱惑面前随风摇摆，任性用权，对整个社会风气的影响和败坏是不可低估的。正是由于这些人缺乏政治定力的、破坏党纪国法尊严的违法乱纪行为，动摇了我们社会的道德根基，弱化了许多人的法纪意识。

习近平总书记指出，理想信念是共产党人精神上的"钙"，没有理想信念，理想信念不坚定，精神上就会缺"钙"，就会得"软骨病"。改进作风，制度约束是外因，思想自律是内因，外因根据内因起作用。思想生了锈，外在的约束便很难产生化学反应。由此观之，"不敢""不能"和"不想"之中"不想"最为紧要。作风改到深处，就要在思想和灵魂上动手术，让"不想"成为一种条件反射。

当前，"八项规定"和各项党纪党规徙木立信的效果已经显现，我们需要做的是往思想熔炉中持续添火，打好信念之铁，炼出意志之钢。要深入持久反腐败，必须进一步正风肃纪，建立从"不敢腐"到"不能腐""不想腐"的长效机制。包括，营造"不敢腐"的社会氛围，打造"不能腐"的制度环境，始终牢记"手莫伸，伸手必被捉"的道理，做到发现一起、惩处一起、曝光一起，让心存侥幸者付出代价，做到正确对待权力、谨慎使用权力、不敢滥用权力。

物必自腐，而后虫生。我们必须筑牢"不想腐"的思想根基。只有使"不想腐"成为思维习惯和价值取向，并升华为廉洁从政的政治操守和定力，内化为遵纪守法的道德意识，转化为拒腐防变的能力，才能从思想上筑牢拒腐防变的根基，增强党员干部自身"免疫力"，才能常怀忧民之心、恪尽岗位之责，才能做到位高不擅权、权重不谋私。

坚持持之以恒，着力打好"持久战"。党风廉政建设和反腐败斗争是一项长期的、复杂的、艰巨的任务，不可能毕其功于一役，必须常抓不懈、警钟长鸣。要长期抓，牢固树立反腐败斗争"永远在路上"的思想，做好长期作战准备，把党风廉政建设和反腐败斗争紧紧抓住不放，持之以恒地坚持下去。要反复抓，腐败问题具有反复性、顽固性，治理一下就会好转，放松一会肯定反弹，必须下大气力反复抓、抓反复、一抓到底。绝不能中途松口气、歇个脚，那样就可能反弹。只有一丝一毫都不放松、一时一刻都不停顿，坚持不懈地加大惩治腐败的力度和强度，才能断绝腐败分子的从众心态、侥幸心理。

在"认真"上下功夫，在"常长"里做文章

习近平总书记说，从严治党，惩治这一手绝不能放松，必须铁腕反腐，坚持"老虎""苍蝇"一起打；必须在"认真"二字上下功夫，以踏石留印、抓铁有痕的劲头抓作风；必须在"常""长"二字上作文章，经常抓、长期抓，反复抓、抓反复。

国际著名历史学家、美国匹兹堡大学历史学系荣休讲座教授、台湾"中央研究院"院士许倬云的老师李济，曾经对学考古的弟子们立下一条规矩：不许收买古董，因为那会鼓励挖坟盗墓。许倬云谨遵师命，不玩古董。张光直任台湾中研院副院长时，一批竹简从湖北偷运至香港。张光直募集了300万港币，想以史语所的名义买下。因为担心是假货，就想让许倬云把一下关。许倬云交了10万港币的定金，将竹简拿回去研究。他确定全是真品，但却建议张光直退货。张光直问，既是真的，为何不买？许倬云答："买就坏了我们史语所的规矩，就是鼓励偷坟盗墓。"许倬云宁可不要那10万块定金，也不肯坏了史语所的规矩。到手的真货不得不退回，许倬云其实也很难过，但他说："这是无可奈何的事情，你要守原则，就只好守到底。"许倬云能够成为大师一级的人物，与他这股认真劲儿分不开。

加强党的建设，反对"四风"，关键都在于落实。问题摆出了，药方开出了，就贵在坚持谨遵医嘱，切忌避实就虚、避重就轻，否则只会事倍功半、半途而废。

党的十八大以来，特别是党的群众路线教育实践活动以来，我们党对反腐败斗争旗帜鲜明、态度坚决，坚持"老虎""苍蝇"一起打，既坚决查处领导干部违纪违法案件，又切实解决发生在群众身边的不正之风和腐败问题，以重拳反腐的实际行动，形成了对腐败分子的高压态势，有效遏制了腐败蔓延势头，初步形成了"不敢腐"的社会氛围。

然而，一段时间之后，一些党员干部却放松了思想上的警惕，认为中央反腐败抓作风建设是一阵风，过去就拉倒了，其实不然。

2015年9月28日，中共朝阳市纪委检查委员会就12起违反中央"八项规定"和省、市委十项规定精神的问题进行通报，以期严明纪律和规矩，警示广大党员干部。通报中说，中央"八项规定"和省、市委十项规定实施以来，各级纪检监察机关强化监督执纪问责，有效遏制"四风"蔓延势头，全市党风政风明显好转。但仍有一些党员干部不知敬畏、心存侥幸，不收敛、不收手，在上级三令五申的情况下顶风违纪，损害了党群干群关系。为严明纪律和规矩，警示广大党员干部，所以将12起违反中央"八项规定"和省、市委十项规定精神的问题进行通报。摘录几起典型案例如下：

建平县对外贸易经济合作局原党组书记、局长（副县级）刘建军和太平庄乡原党委书记孟繁宇、县政府办公室主任科员王国军、某矿业公司总经理郭某某，于2013年7月5日在某矿业公司会议室用麻将机赌博，相关人员分别受到撤销职务、行政降级、党内严重警告以及行政记大过等处分。

建平县中医院副院长徐景学、药械科科长孟祥春，2014年4月16日至4月20日在深圳考察期间，由上海同舸医疗器械有限公司出资，并带领二人到香港、澳门游玩。徐景学受到党内警告处分；孟祥春受到行政警告处分。

北票市小塔子乡莲花山村村书记、主任顾国雄，于2015年1月3日在其家中举办乔迁宴请，违规收受礼金。顾国雄受到党内警告处分。

朝阳县西五家子乡雅路沟村党支部书记刘凤杰，于2015年3月18日在其家中为儿子举办结婚宴请，违规收受礼金。刘凤杰受到党内警告处分。

凌源市红山街道办事处民政助理王凤宝，2015 年 5 月 2 日违规使用公务用车，王凤宝受到党内警告处分。凌源市红山街道党工委书记赵春甫、纪工委书记霍胜履行"两个责任"不力，致使本单位发生违规用车问题，分别对赵春甫、霍胜进行诫勉谈话。

北票市人民法院行政庭庭长徐志平，在 2015 年 6 月 14 日为其子举办结婚庆典之前，于 5 月 29 日和 6 月 5 日，分两批宴请本单位和妻子单位同事，违规收受礼金。徐志平受到党内严重警告处分。

……

党风廉政建设和反腐败工作是一场输不起的斗争，"四风"问题一旦反弹，必将失信于民。各级党委（党组）要切实担当起党风廉政建设的主体责任，把落实中央"八项规定"精神作为重要政治任务，持之以恒抓好贯彻落实。各级纪检监察机关要认真履行监督责任，把纪律和规矩挺在前面，强化监督执纪问责，对"四风"问题露头就抓、反弹就打、绝不姑息。特别在节假日期间，要盯紧重要时间节点，加大监督检查力度，严肃查处公款吃喝、公车私用、公款送礼、公款旅游等突出问题，对顶风违纪的，不仅要追究直接责任，还要追究领导责任；不仅要追究主体责任，也要追究监督责任，典型案件要通报曝光。

反对腐败是一项长期、复杂、艰巨的任务，必须常抓不懈、警钟常鸣。要以猛药去疴、重典治乱的决心，以刮骨疗毒、壮士断腕的勇气，坚决落实党要管党、从严治党要求，继续保持惩治腐败的高压态势，坚决把党风廉政建设和反腐败斗争进行到底。落实"八项禁令"是一场持久战，狠刹"四风"更不能一蹴而就，我们在为扼杀公款吃喝取得阶段性成绩感到欣喜的同时，更应当像朝阳市这样经常"回头看"。巩固反"四风"的成果，关键在于长久坚持，在"常""长"二字上做文章、下功夫。绝不能虎头蛇尾。要抓常，坚持经常抓、常态抓、融入抓、见常态；要抓细，坚持深入抓、马上抓、开门抓、见实效；要抓长，坚持持久抓、长效抓、创新抓、见长效，以期取得党风政风的明显好转。

当不得"老虎"，更不要做什么"苍蝇"

贪婪是一切动物的本性，人也不例外。在美味面前，在金钱面前，在权力和美色面前，在一切美好的事物面前，我们的贪婪欲望就会让自己丧失理性，只顾享受眼前的"甘甜"，只顾满足眼前幸福感。殊不知，正是这种贪婪的本性，让我们丢掉了许多表面枯燥实际却美好的东西。贪婪足以毁掉人的本性。

在北极，北极熊本来是没有什么天敌的，但是聪明的爱斯基摩人却可以轻而易举地捕到它。爱斯基摩人用的是什么办法？就是自己的智慧！

爱斯基摩人先杀死一只海豹，把海豹的血倒进一个水桶里，用一把双刃的匕首插在血液里，因为气温太低的缘故，海豹血液很快就凝固了，匕首凝结在血的中间，像一个超大型的棒冰一样。做完这些之后，他们把棒冰倒出来，丢在雪原上，等待北极熊的到来。

北极熊有嗜血如命的致命弱点。它们的嗅觉特别灵敏，可以在好几公里之外就嗅到血腥味。当它闻到人们丢在雪地上的血棒冰的气味时，就会以飞一样的速度赶过来，并不管不顾地舔食美味的血棒冰。舔着舔着，北极熊的舌头就渐渐麻木了，但是无论怎么样，它也不愿意放弃这样的美味。尤其是血的味道变得越来越有滋味，它越舔越起劲儿。原来，那正是北极熊自己的鲜血啊：当它舔到棒冰的中央部分，匕首扎破了它的舌头，血流了出来。这时，北极熊的舌头早已经麻木得没有一点感觉，但鼻子却很敏感，知道新鲜的血来了。这样不断舔食的结果是舌头伤得更深，血流得更多，最后，北极熊因为失血过多，休克昏厥过去，爱斯基摩人就走过去，几乎不必用什么力气，就可以轻松地把北极熊捕获了。

人的一生中在追求幸福的过程中，有的时候何尝不像是一头北极熊。比如，一些人为了能够挣到更多的金钱，放弃了和家人团聚，放弃了和孩子度过一个个美好的周末；一些人为了取得一定权力，放弃了最美好的初衷，勾心斗角，使一些花招，要一些手段，被别人所不齿，甚至步入囹圄，到后来追悔莫及。

这些人的经历告诉我们，足够多的金钱未必会带来足够多的幸福。对于没有钱的人来说，钱当然是最重要的东西之一。也正因为如此，人们才忘记了其他关乎幸福的因素，而把钱当成了最大的追求。当有了足够的钱时，却还是没有及时醒悟，因为此时人们已经陷入了对钱的贪婪感中，就像那只可怜的北极熊。我们应该常常反思一下，自己对金钱的溺爱程度，钱的确很重要，但金钱绝对不是我们生命的全部，也许，看了这个北极熊的故事，会给我们一些触动，聪明人是不会一边吸着自己的血，一边享受所谓的幸福的。

2013 年 1 月 22 日，习近平总书记在十八届中央纪委二次全会上发表了重要讲话，他说："从严治党，惩治这一手绝不能放松。要坚持'老虎''苍蝇'一起打，既坚决查处党员干部违纪违法案件，又切实解决发生在群众身边的不正之风和腐败问题。要坚持党纪国法面前没有例外，不管涉及谁，都要一查到底，绝不姑息。"习近平总书记的讲话，让人眼前一亮：一方面表明了中共一些高层、实权部门贪污腐败比较严重，社会影响极其恶劣。如果不打"老虎，上行下效，"苍蝇"就会越来越多，如此一来，国将不国。另一方面，也表明反腐倡廉、制约权力的制度必将越来越细，制度的"笼子"也会越织越密，党中央惩治腐败的决心之大、力度之强，给百姓吃下一颗定心丸。

一段时间以来，随着"八项规定"、反"四风"的推进，许多"老虎""苍蝇"被查处，令干部群众拍手称快。比如，辽宁省锦州市把纪律和规矩挺在前面，严肃查处了一批发生在群众身边的腐败问题。2015年中秋节前一天，通报了查处的8起典型案例，摘录如下：

凌海市温滴楼镇大茂村党支部书记刘福坤，2011年10月，利用职务上的便利，将村集体收入39000元据为己有；承包荒山过程中收取好处费共计55000元；将个人承包土地谎称为村集体土地出售他人，骗取买地款100000元用于个人挥霍。2015年8月7日，凌海市纪委给予刘福坤开除党籍处分，涉嫌违法问题已移交检察机关依法处理。

凌海市余积镇余东村党支部书记王立臣，2007年7月，在其他村干部不知情和未告知当事人及其监护人的情况下，经手为该村智力有障碍的邱某兄弟二人办理了低保金，自2007年7月至2014年8月，王立臣将邱某兄弟的低保金、电价补贴、春节救助金共计18485元由他一人保管并使用。2015年8月7日，凌海市纪委给予王立臣开除党籍处分。凌海市人民法院以贪污罪判处其有期徒刑1年6个月，缓刑两年。

黑山县半拉门镇郝家村委会主任国士清，2011年利用职务上的便利，以村民杨某担名的方式套取占地补偿款5352元，据为己有。2014年3月3日，黑山县纪委给予国士清留党察看一年处分。黑山县人民法院认定构成贪污罪判处其免予刑事处罚。

黑山县大虎山镇镇东村会计赵静梅，2007年，采取代签冒领手段将村民补偿款29665元据为己有。2015年4月27日，黑山县纪委给予赵静梅开除党籍处分。黑山县人民法院以贪污罪判处其有期徒刑1年6个月，缓刑两年。

北镇市正安镇河南村党支部书记王作臣，2012年2月，同意李某挪用风力发电抹犁耕地占地款20000元。2015年2月9日，北镇市纪委给予王作臣留党察看两年处分。北镇市人民法院认定构成挪用公款罪判处其免予刑事处罚。

古塔区钟屯乡四方台村党支部书记张奎民，2012年4月，在协助上级政府和移民局开展移民工作时，自报其家不在补偿范围内的梨树和枣树，取得国家移民补偿款 216220 元。2015 年 6 月 12 日，古塔区纪委给予张奎民开除党籍处分。古塔区人民法院以贪污罪判处其有期徒刑 10 年。

千里之堤毁于蚁穴。基层干部的腐败问题，损害群众利益，侵蚀干群关系，动摇党的执政之基。

今后，无论是"打虎"还是"拍蝇"都不会松懈，必将始终保持惩治腐败的强劲势头，让腐败分子犹如老鼠过街，人人喊打，绝不放过、绝不姑息。广大党员干部特别是基层党员干部要从上述案例中吸取教训，引以为戒，始终牢记宗旨，进一步增强法制意识，自觉严守法纪，做不得"老虎"，也不当"苍蝇"，真心服务群众，真正做到为民务实清廉。

各级党委要把解决发生在群众身边的腐败问题作为落实主体责任的具体行动，强化责任担当，切实维护群众利益。

规矩不是手电筒，只照别人不照自己

规矩一词，最早是指画圆形和方形的两种工具，随着时代的发展，已经逐渐演变成为一种标准并引申为大家共同遵守的制度。或者说，规矩已经成为人们共同遵守的办事规程和行为准则，既包括党纪国法、规章制度，又包括道德规范、标准礼仪。规矩是整个社会有秩序的运转、人们和谐共处的必然要求，规矩对社会上的每个人来讲，都是一种约束，更是一种保障。

我们常说："少数人靠觉悟，多数人靠制度。"这种对规则制度的敬畏与遵从，用百姓的话来说，都是在谈讲规矩。没有规矩，不成方圆，比喻做什么事情如果没有准则约束，将难成其事。讲规矩不是打手电筒，照别人不照自己。国家有法律法规，村有村规民约，企业有企业管理制度。这样，也就要求我们无论做任何事情，都要按照一定的规矩去办事，去处理问题，否则可能受到规矩的制裁。尽管规则的制定是少数人的事情，规则的遵守却是包括制定者在内的大家的事情。尤其当官的带头遵守规矩，起到的效果会更佳。

历史上，无数能臣干吏都把遵守规矩作为自己的从政为官之道，宋代名臣包拯曾说："廉者，民之表也；贪者，民之贼也"，表明了自己为官的立场；东汉安帝年间，"关西孔子"杨震赴东莱任太守，路经昌邑，县令王密因受杨震举荐，夜深人静时送来十斤黄金，并说"天色已晚，无人知晓"，杨震却以"天知、地知、你知、我知"为由拒收一个他曾经提拔过的人送来的十两黄金……

讲规矩，更是我们党的优良传统。老一辈革命家都堪称是党员干部的表率。毛泽东坚持勤俭节约、艰苦奋斗，爬雪山过草地与战士同吃同住、共同战斗。毛泽东兴趣广泛，是诗人、书法家，他一辈子收到过许多书画家、收藏家、艺术家朋友馈赠的诗书画印等国宝一级的高档文物，但他一次也没有把这些归为己有。党和国家领导人所收礼品，一律缴公，是他给自己立下的规矩。抗美援朝时期，毛泽东送子参军，血洒朝鲜，女儿上学不准使用公车，从来不搞特殊化，为全党做出了榜样。井冈山时期，朱德与战士们同吃红米饭，同喝南瓜汤，扛着扁担去挑粮。周恩来总理对自己要求也是非常严格。比如，他不抽烟，只喝茶，但他只准一天泡一杯茶。有一次，他杯里的茶水都变成白开水了，服务的同志想倒了再泡一杯，他却摆摆手说："还可以喝嘛，再泡就浪费了。"还有一回，服务的同志看到周总理的毛巾已经用得很旧了，都有些破了，就给他换了条新的，结果总理觉得还可以用，又特意去找了回来。好多次外出，周恩来总理都是坚持要住普通的内宾客房，与随行的工作人员住在一起，与接待外宾的贵宾楼分开。这些都是周恩来给自己定下的规矩，且一生都在遵守，从未违背。

遗憾的是，当今社会，就在我们的周围，存在着很多没规矩的现象。许多党员干部不讲规矩、不懂规矩、不守规矩。更可怕的是，在一些领导干部、个别高级领导干部身上，根本没有规矩可言，他们"自觉"地将自己置身于规矩之外，大玩潜规则，习惯于搞特殊、耍霸道，随心所欲、无所禁忌，特权思想浓厚，官僚习气十足，陶醉于、沉迷于"当官做老爷"，不思党章要求，不讲党性修养，不想群众安危，"不照镜子不洗澡"，这种现象不制止，对一个不懂规矩的党员干部，群众大不了会对其"臭而远之"，但如果有一群不懂规矩的党员干部、领导干部，党在人民群众心中的威信就必然会大打折扣。

如何来应对挑战？习近平总书记给出了答案。习近平总书记指出，要加强纪律建设，把守纪律讲规矩摆在更加重要的位置。他强调，各级党组织要把严守纪律、严明规矩放到重要位置来抓，努力在全党营造守纪律、讲规矩的氛围。他还强调，要加强对党员、干部特别是领导干部的教育，让大家都明白哪些事能做、哪些事不能做，哪些事该这样做、哪些事该那样做，自觉按原则、按规矩办事。这些重要论述，为党员干部如何做人做事为官提供了根本遵循。

讲规矩是做好一切工作的基础和前提。各级领导干部要从两个方面学会讲规矩：一方面要有"敬畏"意识，要对党的纪律、国家法律法规从心底里敬畏，要用这种敬畏约束自己，切不要凌驾于之上；另一方面要带头遵纪守法，要自觉地把党的政治纪律作为自己的行为规范和人生准则，时时做到慎独、慎微、慎欲，真正成为讲规矩的模范。

领导干部务必要带头讲规矩，用党规党纪上紧自己言行的"发条"，只有这样才能防微杜渐，才能真正解决"不能腐、不想腐"的问题，还官场一个风清气正的环境。

60多年前，中国共产党人"进京赶考"前，在西柏坡定下了六条规矩。2013年7月，习近平总书记来到这里感慨地说："这里是立规矩的地方。党的规矩、制度的建立和执行，有力推动了党的作风和纪律建设"，并告诫全党"面临的'赶考'远未结束"。这样的话语，值得党员干部警醒。

不仅自己要清正廉明，还要管好"身边人"

政者，正也。党员干部恪守清正廉洁的为政底线，永葆共产党人的政治本色，必须把反腐倡廉建设摆在更加突出的位置。要守住清正廉洁的底线，保持党的纯洁性，必须严格执行廉洁自律各项规定，经常对照这些规定进行自查，凡是规定不准做的事项绝对不能做，在任何情况下都稳得住心神、管得住行为、守得住清白，做到一身正气、一尘不染，同时还要管好"身边人"。

1. 配偶、子女等家里人

在近年来查处的案件中，"一人当官、全家腐败"的事例不胜枚举。他们所信奉的是与其肥水流外人田，不如父子、夫妇、兄弟、血亲、姻亲齐上阵。近年来曝光的官员腐败案件，家族式腐败的案例越来越多。

比如，全国政协原副主席苏荣腐败案，就是典型的家族腐败。2015 年 2 月 16 日，中纪委公布苏荣被双开的通稿中，其中有一条"罪状"指向的就是其"支持、纵容亲属利用其特殊身份擅权干政，谋取巨额非法利益"。

据悉，苏荣本人曾经忏悔称，自己的家就是"权钱交易所"，他本人就是"所长"，不仅全家老小参与腐败，也带坏了干部队伍、败坏了社会风气、损坏了政治生态。

不只是苏荣，从周永康、薄熙来、徐才厚、令计划，再到刘铁男，这些"大老虎"落马的背后，揭开的均是从妻子、儿子到兄弟等亲属的家族式贪腐利益链。

2015年5月6日，《中国纪检监察报》报道，深圳原政法委书记蒋尊玉落马。陪着他落入法网的，还有他的老婆、女儿、女婿、亲家，甚至老婆的妹妹、女婿的舅舅等，都悉数"沦陷"。

蒋尊玉的妻子李某在20世纪90年代初通过其妹妹的名义成立了做房地产项目咨询的"皮包公司"，利用蒋尊玉当时在深圳市规划国土委任市场处处长的职务便利，以介绍地块转让、提供信息咨询等名目收取众多房地产开发商变相提供的利益。随着李某的胃口与野心越来越大，她甚至背着丈夫坐收私企老板的巨额"纳贡"，恬不知耻地伸手索贿。自恃"靠山"过硬的李某极度嚣张，在多位老板眼里，她"贪婪、直接、素质低"，甚至当面羞辱香港某著名房地产老板郭某"猪狗不如"。

而蒋尊玉的女儿出国留学、外出旅游及购物的费用均由私企老板提供，结婚时亦大肆收受私企老板奉上的金钱和保时捷跑车、金条、钻石首饰等贵重物品。更甚的是，蒋的女婿黄某伙同其舅舅曾某，通过向时任龙岗区委书记的蒋尊玉打招呼，使私企老板张某在龙岗区南岭村的两栋400多套违建房免于被区政府拆除，得以顺利建成并销售获利。黄某、曾某一次性收受张某所送72套房产，面积共计6000平方米，折合人民币3000多万元。

利随权走，贿随权集。领导干部手握重权，其配偶、子女及身边工作人员往往就成为一些热衷于权钱交易者拉拢和腐蚀的主要对象。蒋尊玉在忏悔书中写道，"疏于对家庭成员的要求和管理"，修身失败、治家失败，无疑是蒋尊玉人生中一抹重要的败笔。

2. 同学、朋友等圈里人

2015年4月7日，南京市原市委副书记、市长季建业，因受贿1132万多元，被判15年有期徒刑。

季建业受贿犯罪，与他的交友不慎有很大关系，季建业表示："我发现主要问题在一个 20 多年的朋友圈里，这个朋友圈主要是 20 多年前，我在吴县打拼时一起工作的朋友们。"那么，他的朋友圈里都是什么人呢？

季建业的很多朋友当初都是非常"铁"的关系，其中，有些是他昔日的同僚、部下，下海经商后一路追随；有些是其在商界扶持的"知己"，不管国内国外出行，相伴左右，几乎是季建业走到哪儿，朋友跟到哪儿。与这些朋友相处，虽然不是收钱才办事，也不是办事就收钱，但朋友们在经济上提供帮助，季建业则在商业项目上对他们照顾，感情越来越深，到了亲密无缝的地步。没想到的是，季建业犯事，还是先从这些朋友身上突破的。比如，涉季建业一案的 7 个朋友中：有 6 人是商界老板，3 人曾经是他的下属，彼此保持了十几年到二十几年的交情。这些朋友中，向他行贿最多的人是江苏锦联经贸有限公司徐东明和江苏吴中集团朱天晓，这两个人都是季建业 20 年前的老部下。其中，徐东明先后 4 次向其行贿 789 万元，朱天晓先后 9 次向其行贿 241 万元，两人的行贿总额达到了 1030 万元，占到了季建业受贿总额的 90%。

徐东明在 20 年前曾经托季建业帮助调动过工作。辞职经商后，季建业升迁到哪儿，徐东明则追随到哪儿，生意上的大事小情都常常跟老领导念叨。季建业认为徐东明人聪明，嘴巴严，为人低调，于是非常信任他，以至于季建业家里的大小事都会托付给徐东明去办，甚至 910 万元受贿款都是放在徐东明处代为保管打理。难怪有人说，徐东明几乎成了季建业家的隐形"大管家"。

无论是昔日下属还是商人，一旦入了季建业的朋友圈，成了季建业的"自己人"，送钱和收钱也都成了自然而然的事情。季建业 7 项受贿事实当中，有 6 项涉及"建设工程腐败"，包括房地产开发、土地竞拍、设备供应、装修改造等，在季建业的帮助下，他的朋友们拿下了一个个工程项目，生意做得风生水起。

接受朋友请托，收朋友钱物，为朋友办事，季建业的朋友圈子实际上已经异化成了权钱交换的利益圈子。圈子里的朋友们打着所谓交情的幌子，考虑的则是个人的私利，而季建业最信赖的朋友圈最终成为了他落马的绊马索。

3. 秘书、司机等身边人

由于工作岗位的特殊性，领导干部的秘书、司机也极有可能成为一些别有用心的老板"攻关破垒"的首选。比如，中共前政治局常委周永康的历任秘书，包括郭永祥、冀文林、李华林等身边工作人员，均已纷纷落马。中共原政治局委员、上海市委书记陈良宇被判有期徒刑18年，其秘书秦裕被判无期徒刑；中共原河北省委书记程维高被开除党籍，其秘书李真则被判死刑。

《新京报》报道，一些地方领导的秘书不仅表现得有所依仗、有恃无恐，甚至成为"权力掮客""贪腐掮客"。中共安徽淮南市原市委书记陈世礼，其秘书王传东多次安排他人与陈世礼见面，为他人在工程承包、产品推销、企业并购、项目规划、招商引资等方面提供便利，自己从中获得好处。前全国人大副委员长成克杰的秘书周宁邦，为成克杰的情妇李平出谋划策："现在结婚不现实，没有什么经济基础，不如趁成克杰在位时赚些钱，为将来的生活打好基础。"

唇亡齿寒，由于许多官员与身边人的关系远远超过工作范畴，两者往往是"一根绳上的蚂蚱"：一旦领导"出事"，身边人通常跑不掉；如果身边人"出事"，领导也难脱干系。

因此，作为党员干部不仅要做到严于律己，还要管好自己的秘书等身边工作人员，绝不能纵容他们打着自己的旗号胡作非为。

勤学苦练基本功，做到有真本事、硬功夫

　　"有德有才是精品，有德无才是庸品，无才无德是废品。"作为一名优秀的党员干部，不仅要有高尚的道德品质，更要有出众的才能，即要有较高的理论修养、科学文化修养和专业知识，要有真本领、真本事，要能出色地胜任本岗位的职责。也只有做到德才兼备，才能够在工作中做到愿为人民服务，能为人民服务。

　　中国石油东北工程吉林化建公司员工徐龙杰就是一个典型代表。虽然徐龙杰每天的生活节奏与同事无异，同样是上班和回家之间两点一线，但他早已是所在单位和所在领域的专家和明星。徐龙杰 1994 年从蛟河黄松甸来到吉林化建，在吉林化建工作的 20 年间，完成从普通产业工人向新时期技能型、知识型、创新型、专家型技能员工的转变，并且创造了吉林化建多个第一：第一个上大学的农民工、第一个被聘为中国石油集团技能专家的员工、第一个荣获"全国五一劳动奖章"和第一个享受国务院特殊技能津贴的员工。

　　起初选择干焊接，就想有份工作，徐龙杰说，"这也是我的第一个目标"。1994 年 5 月，徐龙杰作为农民工来到中国石油吉化集团化建工程股份有限公司，当上了一名普通的电焊工。那时的他还是一个对焊接技术一无所知的普通农民工。"为薪水而工作是低层次的，为理想而工作才是我追求的目标。"年轻的徐龙杰下定决心要把最好的技术学到手，当最好的工人。

焊接是技术性很强的专业，要有丰富的实践经验，也要有扎实的理论基础。徐龙杰从零做起，白天练技能，晚上啃书本。当时他的月工资只有90多元，他把买饭票之外所有的钱都用来买书了，有时甚至一天三顿饭只喝点汤下饭。从《焊接工艺》《焊工手册》到《焊工技能》《机械制图》等，10余个门类的100多本专业书籍，相继摆上了徐龙杰那张简易的书桌。

晚上，为了不影响同住的工友休息，徐龙杰常常在走廊里学习。赶上施工旺季，白天要连续工作十几个小时，闪烁的弧光透过面罩把眼睛弄得很疼，晚上看书时间一长，眼泪就忍不住往下流。徐龙杰想了一个"聪明"的办法：先闭上左眼，用右眼看书，累了再轮换过来。

艺高人胆大。"有技在身"的徐龙杰向厂里的一台王牌设备发起了"进攻"。当时厂里仅有的一台埋弧焊机伸臂运行轨道和焊缝总是不容易找正，焊一个工件，反复调整七八次是常有的事，很难保证焊接质量。经过认真研究，徐龙杰拿出了一个改进方案，通过他的改进，提高了工作效率，而且焊接合格率达到99%以上。

2001年，徐龙杰被公司保送到西安交通大学焊接专业深造。2002年，徐龙杰以优异的成绩毕业，学有所成的他回到公司边工作边培训青年工人，带出了一批又一批优秀工人。2005年12月，29岁的徐龙杰被公司破格晋升为高级技师。

"一个人的成功不算什么，如果能够带动身边的人一起进步，那才能算是成功。"在公司的帮助下，徐龙杰"众人划桨开大船"的新梦想也实现了——2008年"徐龙杰焊接专家工作室"成立。至今，徐龙杰累计完成新技术开发课题20项、现场攻关难题21项，累计荣获各类荣誉近40项。

孔子曾说过："闻道有先后，术业有专攻。"随着社会的快速发展，我们党和政府工作面临的形势更为复杂，承担的任务更加繁重。由于社会分工越来越细，对各级党员干部专业素质的要求也越来越高。然而，我们党员干部毕竟不是"通才"，如果对自己的工作缺乏足够的专业知识，就很难对工作做出正确的指导，只有具备相当的专业素养，在工作实践中才能多一份科学精神的滋养，才能有放手让专业人干专业事的胸怀，才能以专业化的眼光、思路、举措来更好地指导和促进工作。

当今社会面临着社会转型期所带来的各种突出矛盾，领导干部肩负着"四个全面"的重任，肩负着民族振兴的使命，"上有千钧重担挑，后有千军万马追"，岗位重要、责任重大，如果仅仅注重做个好人，忽略自己才能的提升，即便想为人民服务，也找不到方法；想勤政务实，但不知道从何做起；想担当起自己应该担当的责任，但是由于受能力的限制，"心有余而力不足"；更为严重的是，在社会发展的关键时刻，没有足够的专业知识，一旦造成决策失误，会造成"好心办坏事"，后果更是不堪设想。

领导干部如果缺乏足够的专业素养，其直接后果要么当官不作为，要么当官乱作为，这都是我们应该坚决反对的。而对于当官乱作为的官员来说，由于缺乏必要的专业知识，虽然在思想上总想创新，总想为人民服务，总想果敢担当，但是由于手中没有"金刚钻"，不懂得事物发展的规律，所以在工作中轻者"劈柴不照纹，累死劈柴人"，严重者有可能造成无法挽回的后果。

党员干部要想在工作中有所担当有所作为，就必须把自己的"金刚钻"打磨好，让自己能在时代的大潮中一展风采。无论做什么，没有扎实的准备工作，只能手足无措，头痛医头，脚痛医脚；反之，只有做好准备，才能够得心应手，从容应对。

俗话说："艺高人胆大。"有了硬本领才能敢于担当，关键时刻站得出、顶得住、干得好。身为党员干部要下大气力苦练内功，坚持边工作边学习、边学习边工作，围绕服务大局真学、围绕工作职能深学、围绕提升素质勤学，走出机关听民声、深入基层问良策，既要向书本学习，又要向实践学习、向群众学习，养成想学、会学、善学的学习习惯，不断拓宽知识领域，改善知识结构，做到博采众长、厚积薄发。通过锲而不舍地学，持之以恒地学，废寝忘食地学，做一个立场坚定、素质过硬、能力突出的人民公仆。

|第十章|
功成则不必在我

习近平总书记曾以山西右玉县18任县委书记一任接着一任，一届接着一届，率领全县干部群众治沙造林的事迹为例，阐述了"功成不必在我"的道理：注意防止和纠正各种急功近利的行为，不贪一时之功、不图一时之名，多干打基础、利长远的事。"功成不必在我"是对每一位领导干部的根本要求，反映的是一种大公无私的品格、实事求是的思想作风和人民利益高于一切的精神境界。不谋全局者，不足以谋一隅，不谋大势者，不足以谋一时一步一个脚印，并力求突破，实现为官一任，造福一方，实现一个地方的持续、和谐发展。

耐得住寂寞与清贫，从政就不要想发财

耐得住寂寞、经得住诱惑、守得住清贫，才能稳得住心神。很多东西，明明是自己所喜所需所好，但为了干好工作、成就事业，就须克制、隐忍。这未尝不是一种痛苦，但恰恰是这种忍的功夫，使我们自觉剪除私心杂念，不断堵塞与事业相悖的岔路。

邓稼先，中国科学院院士，著名核物理学家，中国核武器研制工作的开拓者和奠基者，为中国核武器、原子武器的研发做出了重要贡献。

1924 年，邓稼先出生在安徽省怀宁县一个书香门第之家，1945 年抗战胜利时，邓稼先从西南联大毕业，抱着学更多的本领以建设新中国之志，他于 1947 年通过了赴美研究生考试，于翌年秋进入美国印第安纳州的普渡大学研究生院。由于他学习成绩突出，不足两年便读满学分，并通过博士论文答辩，此时他只有 26 岁，人称"娃娃博士"。

1950 年 8 月，邓稼先在美国获得博士学位 9 天后，便谢绝了恩师和同校好友的挽留，毅然放弃了在美国优越的生活和工作条件，回到了当时一穷二白的祖国。回国后，邓稼先在中国科学院工作，1958 年 8 月奉命带领几十个大学毕业生开始研究原子弹制造的理论。这以后的 28 年间，邓稼先始终站在中国原子武器设计制造和研究的第一线。

邓稼先冒着酷暑严寒，忍受着巨大的孤独与寂寞，在荒无人烟的试验场度过了整整 8 年的单身汉生活，有 15 次在现场领导核试验，凭着超人的毅力顽强工作，掌握了大量的第一手材料。

1964年10月16日，中国成功爆炸了第一颗原子弹。随后，邓稼先又投入对氢弹的研究。两年零八个月后的1967年6月17日，中国成功爆炸了第一颗氢弹。这同法国用8年、美国用7年、苏联用7年的时间相比，创造了世界上最快的速度。自此，中华民族完全摆脱任人宰割的危机！

此后，邓稼先继续长年累月忘我工作，乃至于积劳成疾。

在一次爆炸失败后，几个单位都在推卸责任。为了找到真正的原因，必须有人到那颗原子弹被摔碎的地方去，找回一些重要的部件。邓稼先说："谁也别去，我进去吧。你们去了也找不到，白受污染。我做的，我知道。"他一个人走进了那片地区，那片意味着死亡的土地。他很快找到了核弹头，用手捧着，走了出来。最后证明是降落伞的问题。就是这一次，他受到核辐射，身患直肠癌。1985年8月邓稼先做了切除手术，次年3月又做了第二次手术。在病情危重的情况下，邓稼先还用生命的智慧和最后一丝力气，与于敏合著了一份关于中国核武器发展的建议书，向祖国献上了一片真诚，该建议书的内容至今仍然保密。1986年5月邓稼先做了第三次手术，7月29日因全身大出血而逝世，终年62岁。临终前，他留下的话仍是如何在尖端武器方面取得成绩，并叮咛："不要让人家把我们拉得太远……"

在邓稼先去世13年后，1999年国庆50周年前夕，党中央、国务院和中央军委又向邓稼先追授了金质的"两弹一星功勋奖章"。由于他对中国核科学事业做出了伟大贡献，被称为"两弹元勋"、中国原子弹之父。邓稼先的一生，正是因为他始终坚持崇高的理想信念，把寂寞留给自己，把危险留给自己，把知识献给祖国，把生命献给祖国，才取得了巨大的成就，值得世人景仰。

牢记"耐得住寂寞，守得住清贫"这句话，普通人如此，领导干部更应如此，有正确的世界观、人生观和价值观，坚守精神的底线，清廉为政，务实为民，不为名所缚，不为利所累，不为色所诱，为人民掌好权、用好权。然而，在现实生活中，诸如官商勾结等所导致的腐败案件却频频发生。一边，官员利用所握的权力违规开绿灯，谋取私利；另一边，商人为了求得最大利润，想尽花招拉拢权力，在这个过程中，市场和社会的公平必然发生倾斜，公众的权益被侵害，各种贪腐现象由此而生，社会恶劣影响不言而喻。

党的十八大以来，党中央大力开展"打虎拍蝇"行动，使越来越多的人认识到，只有廉洁自律，培养"以廉为宝"的精神，才能从根本上做到杜绝腐败，才能让肌体保持健康，让精神保持振奋，才能走得更远。

鱼和熊掌不可兼得，领导干部必须坚定自己的人生选择。习近平总书记更是多次强调"当官发财两条道，当官就不要发财，发财就不要当官"，"廉洁自律是共产党人为官从政的底线"。2015年1月12日，在中央党校第一期县委书记研修班学员进行座谈时，习近平总书记说："选择从政就不要在从政中发财，选择发财就去合法发财。"告诫各级领导干部，一定清清白白做人、干干净净做事、坦坦荡荡为官。

各级党员干部只有坚守住心理防线，做到"吾日三省吾身"，耐得住寂寞、守得住清贫，将自律持之为明镜、内化为修养、升华为信条，用自己一身的正气去感染身边的人，踏踏实实为人民群众办事，才能做出一番事业。

获得感：共同享有人生出彩的机会

从走上改革开放之路到今天开启全面深化改革新征程，让人民群众共享改革成果一直是党和国家的不变承诺。2015 年 2 月 27 日，在中央全面深化改革领导小组第十次会议上，习近平总书记提出：把改革方案的含金量充分展示出来，让人民群众有更多获得感。

执政者所思也正是民之所望。大到改革治国，小到柴米油盐……无论是真金白银的收入增长，还是养老、医疗、教育的具体而微，背后无不是对"获得感"的渴望与追求。"获得感"就是人民群众的满意度，这种满意度是落地生根的实惠，是惠及众生的可喜变化。检验一切工作的成效，最终要看群众是否真正得到了实惠，群众生活是否真正得到了改善。

当前，如何看待、理解党和群众的关系，对每一名党员干部来讲，既是挑战也是考验。

我们常说：改革为了人民。只有让全体人民共享改革发展成果，让改革红利惠及全体人民，才能将人民的切身利益与改革的命运紧密联系在一起，使改革得到人民更广泛的认同、拥护和支持。因此，习近平总书记的"让人民对改革有更多获得感"道出了百姓的心声，温暖人心。

全国优秀县委书记张家良，自 2012 年 10 月起，开始担任江西省奉新县委书记。他始终注重加强《党章》、中国特色社会主义理论、党的十八大、十八届三中、四中、五中全会精神和习近平总书记系列重要讲话精神的学习，始终严守党的政治纪律和政治规矩，讲诚信、懂规矩、守纪律，能够把牢政治方向，始终同党中央保持高度一致，自觉做政治上的明白人。贯彻上级党委的路线方针和决策部署，态度坚决、行动迅速、落实有力。严格遵守党章党规和廉洁从政准则，认真落实"八项规定"，按照"三严三实"的要求，严于律己，从不收受任何企业、个人的"红包"和有价证券；从不插手任何工程招投标、土地交易、房地产开发与经营等事项；从不准许任何亲朋好友在奉新经商、办企业、接工程，从不允许任何亲友和身边工作人员利用自己的职权和影响谋取私利。自觉担当党风廉政建设主体责任，抓班子、带队伍，营造了风清气正的政商环境，促进了全县干事创业的浓厚氛围。

张家良始终牢记全心全意为人民服务的宗旨，认真践行党的群众路线，经常入户访民情、解民忧、帮民富，几年来走遍了全县所有行政村和社区居委会。为促进全县经济持续稳定发展，他经常放弃休息日，带头招商引资、跑项争资，带动全县上下抓项目、促发展，几年来，全县引进项目 87 个，实际引资 98.8 亿元。其中，超十亿元项目 11 个。比如，成功引进了央企中新房集团投资 18 亿元的新型建材项目，央企恒天集团投资 1.5 亿美元的环保化纤项目等一批重大项目，促成投资 65.4 亿元的奉新抽水蓄能电站项目仅用 9 个月的时间就获得国家能源局正式批复，投资 15 亿元的鹅婆岭水利枢纽工程项目建议书顺利上报国家发改委和水利部。为了加速产业升级，强力推进了补链、延链、壮链等一系列产业集群发展举措，有力促进了全县工业、农业、旅游服务的全面升级。如今，奉新县各行各业蒸蒸日上，一派繁荣：纺织产业纺纱规模占全省总量的 46%，达到 230 万锭，初步形成了"纺织工业原料—纺纱—印染—织造—成衣"的完整产业链；绿色农业迅猛发展，猕猴桃获评"国家地理标志农产品"；文化与旅游深度融合，获评"江西旅游发展十佳县"。在他的带领下，全县居民收入、教育医疗、就业创业、保障性住房建设、社会救助等工作都走在全省前列，奉新也被评为"江西十大最具幸福感城市"。奉新县先后荣获"全国粮食生产先进县""中国棉纺织名城""中国绿色农业示范县""全国六五普法中期先进县"等9个国家级荣誉，获评"全省引进省外资金先进县"等90多个省级先进；在一年一度的各类项目检验、综合考评中，均名列前茅。

可见，只有在思想上、政治上忠诚坚定，才能在行动上自觉践行党的根本宗旨，做出经得起历史和人民检验的业绩。

"获得感"从何而来？只有以百姓之心为心，多听听群众的声音，多问问群众的感受，既以之作为标尺，去衡量工作的成效，去检验决策执行的好坏，从而不断改进完善工作，进而提升群众的"获得感"。同时，又通过提升群众的获得感、幸福感和满意度，来增强广大群众对党和政府工作的认同感、自豪感和自信心，从而不断积聚改革发展前行的正能量。

习近平总书记在十二届全国人大一次会议闭幕会上说，生活在我们伟大祖国和伟大时代的中国人民，共同享有人生出彩的机会，共同享有梦想成真的机会，共同享有同祖国和时代一起成长与进步的机会。有梦想，有机会，有奋斗，一切美好的东西都能够创造出来。

有道是，政声人去后，民意闲谈中。广大党员干部要以群众是否拥有"获得感"为目标，要有"去民之患，如除腹心之疾"的精神气魄，常思"时间都去哪儿了"，常想"问题都出哪儿了"，常问"足迹都留哪儿了"。转变作风是不是到位，群众评价如何是最高标准，我们一定带着深厚的感情同群众打交道、交朋友，倾听群众呼声，消除与群众间的"屏风"，拆掉和百姓之间的"篱笆"，激发转变作风的内在动力。只有牢牢地坚持一切从人民的根本利益出发，与人民心心相印、与人民同甘共苦、与人民团结奋斗，我们的工作、党和人民的事业，才会无往而不胜。

舍我其谁，有不计个人得失的胸怀

国外有一句格言："世界上最困难的职业是做人。"文学家萧军也说过一句非常富有哲理的话："好人不见得是好官，但好官却必须首先是好人；没有一流的人品做底子，从政肯定要跌跤子。"作为新时代的党员干部，如何做人、如何做事、如何为官，是每一个人需要思考的问题。

唐朝有个叫卢承庆的人，一生为官清廉，做事认真，讲求实际。他时任考工员外郎，主要负责考察官员。按照官员为官情况，分为上中下三等，然后每一等再分上中下三等。有一次，卢承庆考核一个监督运粮的官员，由于在运粮的过程中船翻了，使不少粮食受到损失，于是卢承庆就给他定了一个中下。

运粮官在得到"中下"的评语后，并没有生气，依然谈笑自若。卢承庆觉得，这个人得到这样的差评却没有生气，说明他能够认识到自己的错误，有责任心，因此，卢承庆把评价改成"中中"。

看到这个评价之后，运粮官并没有因此而高兴，依然认真做着自己的事情。卢承庆心想：这个人无论面对怎样的结果都能坦然面对，宠辱不惊，这样的人一定不贪图名利。于是，他调查翻船事故，才发现船翻不是因为运粮官管理不善造成的，而是因为突然遇到了大风，把船吹翻了。卢承庆一想，看来给他"中中"也不合适。于是，又给改成了"中上"。这个运粮官并没有为此而得意忘形，卢承庆因此对他印象很好，后来在吏部考核时，提拔了他。果然，运粮官在自己的工作岗位上，做出了一番成绩。

"宠辱不惊，闲看庭前花开花落；去留无意，漫随天外云卷云舒。"一副对联，寥寥数语，却深刻地道出了对事物、对名利应有的态度：得之不喜、失之不忧、荣辱不惊、去留无意。这样才能心境平和，淡泊自然。这既是做人的准则，也是为官应有的态度。宠辱不惊，大难不惧，这是做人不可缺少的品质，为官者如果没有如此淡定的心态，做到宠辱不惊、淡泊名利，又怎能在物欲横流的今天，在错综复杂的官场保持自我，为老百姓造福呢？

古人说，大事难事看担当，顺境逆境看襟怀。敢于担当是党员干部应具备的重要素质，是激发斗志、凝心聚力，团结带领同志们干事创业的基本条件。回顾我党的历史，我们的事业之所以兴旺发达，关键在于我党有一大批敢于担当的党员干部。

今天，我们面临错综复杂的经济形势，深化改革的艰险考验，结构调整的重重困难，改善民生的巨大压力，需要全体党员干部舍我其谁的担当、开拓与拼搏。每一名党员干部都要牢固树立担当意识，只有坚持原则，敢于担当，把手中每一件小事做好，把每一份责任尽到，才能推动发展，无愧于百姓；只有高度负责、主动承担，积极把握机遇、迎接挑战，才能跳起摸高、大有作为。

看干部就要看敢不敢担当。习近平总书记指出："坚持原则、敢于担当是党的好干部必须具备的基本素质。"把党和人民赋予的职责看得比泰山还重，是领导干部精神状态、工作姿态的重要体现，"千斤重担我先挑"，是好干部应具备的基本品质。每个党员干部都要牢固树立"事不避难、敢于担当"的高度责任感。只有敢于担当，迎难而上，才能凝聚人心，开拓新局面。只有敢于担当，才能在关键时刻敢于站出来，在困难面前不退缩，以"舍我其谁"的勇气挑起肩头重担，只有这样的干部才能算得上好干部。

一些地方、一些部门，工作搞不好，群众有意见、干部发牢骚，究其原因，多数也是由于领导干部不敢担当、不敢负责造成的。当前，我们正处于改革发展的关键时期，发展任务繁重，利益关系复杂，矛盾问题凸显，尤其需要勇于做事、敢于担当的党员领导干部。那么广大领导干部如何做到敢于担当呢？

1. 迎难而上，敢抓敢管

要有一种敢抓敢管、攻坚克难的胆识，不怕得罪人、不怕"碰钉子"。在矛盾面前要敢于面对，在关键时刻要敢于挺身而出，面对复杂问题要敢于协调，遇到重大决策要敢于拍板。党员干部敢于担当，就是要坚持原则、认真负责，面对大是大非有鲜明的立场，面对矛盾问题敢于迎难而上，面对困难危险敢于挺身而出，面对错误失败敢于承担责任，面对歪风邪气敢于坚决斗争。一名优秀的党员干部应当有责任重于泰山的意识，坚持党的事业至上、人民利益至上、宪法法律至上，敢于旗帜鲜明，敢于较真碰硬，对工作任劳任怨、尽心竭力、善始善终、善作善成，才是共产党员敢于担当的意识和责任。

2. 心怀群众，干事创业

要能够一心为公。自觉站在党和人民的立场看待得失，不计较个人利益，一切以党的事业为重，以人民群众的利益为重。要勇于面对挫折。人非圣贤孰能无过，干事难免出错，不能有功劳就抢，出现失误就推给别人，推诿扯皮。好干部就是能够勇于站出来承担责任，知错改错，坚持本色，善于从失误中吸取教训，举一反三、改进提高，把逆境和挫折作为党性修养的历练、人生阅历的财富和成长进步不可或缺的因素。要敢于干事创业。没有创新，就没有发展。没有舍我其谁的勇气，做事畏首畏尾、见险则退，只会错失发展良机，贻误事业发展，这样的干部就不能称为好干部。

3. 勇挑重任，勇于担当

领导干部要时刻保持"敢于担当""舍我其谁"的责任意识、奉献精神和无畏勇气。把担当的出发点放到惠民生、解难事上，把担当的落脚点放在谋事业、促发展上，把担当的重点放到打基础、利长远上，紧紧盯住发展目标不放松，以踏石留印、抓铁有痕的精神，把每一个规划变成计划、把计划变成方案、把方案变成项目、把项目变成工程，切实抓好每一项工作的落实。

"为官避事平生耻""见难而无苟免之心"。党员干部是我国改革发展大业的领导者、组织者和推动者，敢于担当、善于担当是职责所在，也是立身之本。"苟利社稷，生死以之"。只有敢于担当，不畏艰难困苦的挑战，不怕牺牲个人利益甚至宝贵的生命，才能坚定不移、矢志不渝，排除干扰、守住阵地，才能真正做到权为民所用、情为民所系、利为民所谋。敢于担当是一种魄力，一种能力，一种境界，更是共产党人的鲜明品格。

科学决策，不是有主见、有个性就说了算

领导工作的一个重要内容就是制定工作的方向和思路，为未来的发展做出决策。

具有科学决策能力，是执政党和现代社会对领导干部的基本要求，是领导干部应当具备的真本事。做到科学决策，应把握好以下几个方面。

1. 树立正确政绩观，是科学决策前提

政绩观是对政绩的总的看法，政绩观直接反映领导干部从政的价值取向。领导者抓什么、怎么抓，如何提出问题、分析问题、解决问题，往往受政绩观的直接影响。有什么样的政绩观，就会有什么样的工作追求、施政方式和决策行为。

四川省雅安市时任市委书记徐孟加，独断专行、不尊重下属。2012年，

强推"熊猫绿岛"项目。起初，专家认为项目布局、交通等超过了小城市能够承受的技术范围，评审通不过。以至于每次提意见都被徐孟加批评一顿。本来规划委员会有，法规也健全，"但书记一说，其他人都同意，规划局不能不同意啊。"

自视能力超群、目空一切的广州市委原书记万庆良，在广东官场素以喜欢大拆大建而"闻名"。在万庆良担任广州市委书记期间，广州一系列新城的规划在调整后相继公布，包括金融城、医药城、教育城、生态城等16个新城。这一系列规划遭到了诸多人士批评。这么多个"新城"开发下来，让人只看到房地产项目，却不见原定的产业功能。万庆良不懂常识，山顶挖湖、山地修建百米大道等，都显示了其规划"疯狂又狂妄"。

实践证明，没有正确的政绩观，决策就容易出偏差，科学发展观就难以得到落实。

2. 搞好调查研究，掌握一手材料

广泛深入的调查研究是领导干部科学决策的重要前提、增长才干的重要方法、转变作风的重要手段、做到实事求是的重要途径。没有调查研究，就没有发言权，更不应该有决策权。

"从群众中来、到群众中去"是党做群众工作的基本方法。作为党员干部，就要经常深入基层蹲点调研，用脚步丈量民情，用真情与群众零距离沟通、心贴心交流，把工作做到群众的心坎上面，培养为民务实的工作作风。

1930年，为了准确摸清中国的富农问题和商业情况，毛泽东同志抽出近一个月时间，与农民、手工业者、商人等深入谈心，写出了著名的《寻乌调查》。1961年，为了寻找摆脱国民经济困境的办法，陈云同志花15天时间到农村访农户、下田地、看猪圈，查找问题症结，写出了《青浦农村调查》，为促进农业发展起到积极作用。

反观当前有些干部，有的调研之前不做准备，不带主题、不带问题下基层，漫无边际、走马观花；或者基层提前安排，看的是事前过滤的假象、

表象；或者不敢直面问题，害怕引火烧身，等等。这种调研，实质是用"假"的态度带回"假"的情况。要扭转这一状况，必须坚持和弘扬我们党实事求是的优良作风，沉下心、扑下身，琢磨了解老百姓关心关注的问题，用务实的作风、踏实的做法，真正掌握"实事"。

习近平总书记指出："只有通过调查研究，努力掌握全面、真实、丰富、生动的第一手材料，真正搞清楚本地区本部门本单位的实际情况，真正搞清楚影响改革发展稳定的突出问题，真正及时了解人民群众的所思所盼，我们才能真正掌握客观实际中的'实事'，做到耳聪目明、心中有数。"

当前，经济社会发展已经进入既复杂又敏感的新阶段，政务透明、信息公开的趋势正在加速，科学决策的呼声日益强烈。这就要求领导干部必须敬畏决策权，善用决策权，不搞调查研究，千万不要自以为是，贸然拍板。

3. 充分发扬民主，要听得进不同意见

《孝经》中说："天子有诤臣七人，虽无道，不先其天下。诸侯有诤臣五人，虽无道，不失其国。"古代有识之士尚能把纳诤谏之言，作为"修身齐家治国平天下"的法宝，对于今天的领导者、管理者来说，则更应把善于吸取不同意见作为从政用人的一条准则了。

读过《三国演义》的人不会忘记，在火烧赤壁一回中，魏国的曹操与东吴的周瑜交战，曹操正为己方不善水战而心急，面对一败涂地的尴尬境地。这时庞统献上连环计，"以大船小船各皆配搭，或三十为一排，或五十为一排，首尾用铁环连锁，上铺阔板"，欲使"人可渡，马亦可走"，从而船只能够稳如平地，"大小水军，并无疾病，安稳成功"。曹操以为是良计。

第二天，观看大军的排练后，曹操心中大喜，认为打败周瑜指日可待。于是，他升帐召集手下开会，说道："铁索连舟，果然渡江如履平地。"得意之情溢于言表，众将都随声附和。这时，头脑清醒的程昱站出来提出自己的不同意见，他认为把船连在一起，平稳是平稳，但是如果周瑜他们"用火攻，难以回避"，因此不可不防。遗憾的是程昱的合理化建设性意见，

并没有使曹操醒悟。曹操贸然断定冬天只有西北风，没有东南风，因此按照双方的地势，他认为周瑜用火攻是不可能的。众将看曹操脸色行事，"皆拜伏"，还奉承曹操丞相的高见，说"我等是万万比不上的"。

恰恰是这个决策最终导致了曹操不得不败走华容道，结果兵力损伤无数，士气也受到了严重打击，对于曹操统一天下造成了重大影响。

现代社会是一个复杂多变、信息爆炸的社会，作为领导干部，要提高自己的领导能力，必须广开言路，实行群体决策，这样才能实现决策的科学化和民主化。

常言道："三个臭皮匠，抵上一个诸葛亮。"说的就是集体的力量，毕竟少数人的智慧是有限的。因此，不仅要让人说话，而且应礼贤下士，主动请人说出不同的意见和主张，最终达到集思广益的目的。由于是众人的决策，因此也增加了决策的可接受性和成员对决策的承诺。在劳动分工越来越细的今天，领导者不可能对一切事务都了如指掌，因此，借助众人的智慧，也便达到了正协同的效应。

决策民主化，是决策行为的核心和内在要求，也是有效防止决策失误的良方。是否具备民主作风，体现领导干部的素质、水平和境界，只有充分发扬民主，广开思路，广开言路，尤其是允许质疑，听得进不同意见，才能得出正确的结论，形成正确的决策，才能成为明白人。不可忽视的是，在领导干部的决策行为中，民主不足、集中草率的问题至今依然存在。

2015年3月20日，时任福建省副省长徐钢被中纪委通报涉嫌严重违纪违法接受组织调查。据知情人士透露，徐钢在任泉州市委书记时的一系列举措是他落马的主要原因。

徐钢在泉州任职时，可谓"一言堂"的代言人，与商人交往过密、为家人输送利益，却唯独不肯听泉州市大小领导干部之劝，不肯顺泉州市八百多万群众之意，执意为"政绩工程"破坏古城区环境，为给亲属谋利而强行推进本不需要的市政工程。如此把民主集中制抛在脑后、大搞"一言堂"，终被自己一意孤行所害。

"一言堂"可怕之处不仅在于独断专行，而是掌权者这种行为会为当地带来不良影响。徐钢用着纳税人的钱，为亲属、"好友"谋项目，破坏原有已经沉降的路基而强制拓宽马路，甚至拔掉已成活的柳树再种绿植，在古城区强制建设与"文化创意"关联度极低的文娱产业，直至想要强拆宋代古街区建设博物馆和娱乐消费项目。这些行为，有的浪费资源，有的破坏了古城区，不仅广大群众议论纷纷，泉州的官员也都愤而举报。

无数的案例已经告诉我们，不能再什么事都是领导"说了算"了。

习近平总书记在指导河北省委常委班子专题民主生活会时指出，对每个领导干部，都要加强民主集中制的教育培训，使大家熟悉民主集中制的规矩，懂得民主集中制的方法。这就要求在决策拍板之后，还要通过耐心的思想工作把大家的思想统一起来，把大家的情绪调动起来。兼听则明，偏听则暗。只有既广泛听取意见，充分发扬民主，又善于集思广益，实行正确的集中，才能提高决策科学化、民主化水平。实践证明，不经过集体充分讨论，不反复比较各种意见，光凭一两个人拍脑袋、想当然，就做出了决策，很少有不犯错误的，也很少有正确的，这种现象必须予以纠正。

4. 坚持依法决策，避免不作为、乱作为

当前，我国不同利益主体的诉求与期待增多，在许多问题上决策的难度和复杂性加大。同时，公民的维权意识和参与社会监督的积极性普遍增强，以网络为基础的新媒体使社会监督更加直接、快捷，决策者时刻面临公众的监督，决策风险也更大了。领导决策行为往往涉及不同利益主体之间的博弈，触及各方面敏感的利益神经，稍不审慎，不仅达不到预期目的，还会引发社会矛盾，使决策者陷入困境。

在现实生活中，决策者缺乏法制意识，决策时违背法定程序、背离客观规律等施政行为并非罕见。执法不公、违法施政、不作为、乱作为、侵害群众利益等问题时有发生。这些问题不仅造成了难以估量的经济损失，也影响了党和政府的威信和形象。

2013 年 12 月，中央组织部印发《关于改进地方党政领导班子和领导干

部政绩考核工作的通知》(以下简称《通知》),《通知》规定实行责任追究,制定违背科学发展行为责任追究办法。

《通知》要求,强化离任责任审计,对拍脑袋决策、拍胸脯蛮干,给国家利益造成重大损失的,损害群众利益造成恶劣影响的,造成资源严重浪费的,造成生态严重破坏的,盲目举债留下一摊子烂账的,要记录在案,视情节轻重,给予组织处理或党纪政纪处分,已经离任的也要追究责任。

党的十八届四中全会审议通过的《中共中央关于全面推进依法治国若干重大问题的决定》提出,建立重大决策终身责任追究制度及责任倒查机制。领导必须按照规章制度和法律法规办事,如果出现因决策失误而造成的后果将终身负责。

可见,依法决策是经济社会发展的必然要求,是领导者必须具备的基本素质和能力。决策内容和程序必须合法,保证决策不偏离法律框架和底线,以降低决策的风险和成本,提高决策的质量,使决策能够站得住脚。决策的执行也要靠法律来"保驾护航",依法解决决策可能引发的矛盾冲突,排除干扰,使决策能够行得通。

脑中有全局,心中有大局,手中有布局

毛泽东曾说:"政治路线确定之后,干部就是决定的因素。"活跃在不同领域、不同层次、不同岗位上的广大党员干部,是带领人民群众脱贫致富、维护社会稳定、促进社会和谐、实现科学发展和跨越发展的发动者、组织者和推动者，也是实现"小康梦""中国梦"伟大征程中一道亮丽的风景线。

干部自身素质的好坏、工作能力的高低，直接关系到各项工作能否扎实推进、取得实效。当前，世情国情党情发生了深刻的变化，科技发展速度日新月异，既给工作创造了机遇，又带来了挑战。

当前随着常规的石油、天然气资源逐渐匮乏，页岩气等非常规油气，成为供给人类的主要能源。在境外天然气受制于人、国内常规天然气产量增长不快的背景下，发展页岩气等非常规油气资源，无疑将成为能源保障的一条重要途径。

页岩气开发，是一场新能源变革的序幕。2012年底，江汉油田根据中国石化集团党组安排，承担了重庆涪陵页岩气开发的重任，挺进巴山渝水，拉开了建设中国首个页岩气田的序幕。

涪陵页岩气公司副经理刘尧文作为第一批参加涪陵会战的先遣队员，全面负责气田开发的技术工作。

时年45岁的他曾参与过建南气田、大安寨页岩气勘探开发方案编制，是"十二五"国家科技重大专项项目组主要成员，有多篇学术论文在中国石化集团和湖北省内获科技进步奖，具有丰富的工作经验和理论水平。可是对于进驻焦石坝搞页岩气开发，他还是头一次。页岩气开发属于世界级难题，长水平钻井是页岩气开发的核心技术，难点是如何提高主力气层的钻遇率。如果引进国外地质导向技术，就会被他们卡着脖子要钱，一口井得200多万元。刘尧文想，既然外国人行，我们也一定能行，就重点围绕水平井钻井轨迹跟踪控制展开攻关。

那段时间，刘尧文白天跑井场，晚上搞研究，经常熬到凌晨两三点。在与万条曲线的对话中，他们摸索出"三图一表"跟踪方法，并融合三维可视技术，自主研发出随钻地质导向技术，为钻头装上导航仪，使主力气层钻遇率达98%。同时，加强设备国产化攻关，钻井速度大幅提高，2014年平均完井周期比上年缩短20多天。

　　钻井提速提效成果虽喜人，但一大批完钻井扎堆等着压裂试气。到当年9月，全年压裂任务只完成了三分之一。刘尧文在参考大量资料的基础上，提出采取"井工厂"施工提升压裂效率的建议。"井工厂"模式推广运用后，压裂周期大幅缩短，当年压裂试气任务全部完成，沉睡的气龙喷涌而出。2013年，他们提前完成5亿立方米产能建设任务，实现当年开发、当年投产、当年见效。2014年，生产页岩气10.8亿立方米，占全国页岩气产量的83%。

　　为使国家级页岩气示范区经得起历史检验，他们坚持把严细实的作风贯穿每项工作、渗入每个环节，做到气田开发与生态保护并重。可见，经济社会的发展不能只注重眼前利益，要用发展的眼光看问题、办事情。学会想长远也是一项必备品质和能力。作为各项事业发展的带头人，必须像刘尧文一样以长远发展为核心，谋篇布局，摆兵布阵，胸怀可持续发展理念，努力做到把各项工作放到发展的大局下去认识、把握、部署、推动，使工作目标任务围绕发展这个大局来确立，工作的政策措施根据发展来制定，工作的成效用发展来检验。

　　当今世界，国家的发展面临着新的机遇和挑战，作为领导干部，凡事要站高一层，望远一步，深刻领会上级的重大决策部署，结合工作实际，找准干的方法做到脑中有全局，心中有大局，手中有布局。要改进工作方法，学会超前思考、现实操作，深度思考、科学操作。只有这样，才能够站在历史的高度，明确发展方向，规划发展蓝图，迎接真正发展。

中国梦，是每个人的行动梦

与改革的破冰期相比，现在的难度更大、风险更大。它要触动固有的利益格局，触动利益往往比触及灵魂还难。要把蓝图化作现实，还有很长的路要走，需要付出长期艰苦的努力。尤其是面对把一个 13 亿人口规模的发展中大国带入现代化的历史重任，既要有自信的从容、勇敢的担当，更要有实干的精神。

中国梦是民族梦，也是每个中国人的梦。要让人民过上更加美好的生活，机不可失、失不再来，逆水行舟、不进则退。作为党员干部，是国家的中流砥柱，不管是为实现伟大的中国梦而奋斗，还是为自己的理想而努力，都必须进一步求真务实、艰苦奋斗，干好"自己那一份"，在各自岗位上付出更多的辛劳。

北票市纺织有限责任公司挡车工、全国五一劳动奖章获得者张卫华的故事，诠释了一个纺织女工对无私奉献、爱岗敬业的主人翁精神的不懈追求。

挡车工是纺织行业最一线的技术工种，工作环境潮湿、噪声大，工作时需要不停地来回在机器前走动，很多年轻人都因为工作环境差而放弃了这一职业，而北票市纺织有限责任公司挡车工张卫华在这个岗位上一干就是 20 多年，不断自我加压，力求做得更好，"干一行爱一行"是对她工作状态的真实写照。

1991 年，张卫华 20 岁时进入当时的北票纺织厂织布车间做挡车工，刚开始时，她觉得像师傅那样能同时看十多台机器实在是太难了，也曾经想过要放弃，但父亲的话开导了她，让她很快适应了工作环境，全身心投入工作。干活时，多看、多琢磨、多向师傅请教，勤学苦练，下班时一有空就练习机下打结，借一些操作技术方面的书认真钻研。付出就有回报，一般人在挡车工这个岗位上独立操作需要两年多的时间，而张卫华三个月就达到了标准开始独立工作。张卫华自我加压，挑战自己，在参加工作后的第九年她主动要求增加看台量，由以前的看十六台机器增加到二十台。

随着市场经济的不断发展，纺织品市场逐渐向高支高密方向发展，而且质量要求相当高，生产难度相当大。这无疑使企业生存和发展及挡车工操作水平都面临着新的考验和挑战。1995 年开发精梳涤棉细布时，几家兄弟厂家试生产都没有成功。北票纺织厂经过多方探讨，调整了工艺、设备，又在操作方面加强了培训，使该品种再次投产。很多挡车工都不愿干这个品种，因为品种刚上机，运转率上不去，布面疵点多，直接影响产量。张卫华心想，新品种上机总得有人干，难度越大越能锻炼人，越能提高技能。于是就主动要求去看这个品种，通过她在实际中逐步摸索，严格执行操作法，严把质量关，所看的机台效率达 85% 以上。她把自己所摸索的经验毫无保留地传授给姐妹们，大家互相学习，共同提高，效果非常明显，提前完成了交货任务，客户对产品质量非常满意。

由于张卫华责任心强，挡车技术好，所以月月匹分都完成得相当出色。车间 15 区由于靠墙角、通风条件差、车很难开，而她在 6 区看车，车熟人快，干得很顺。领导找她商量想让她去 15 区看车，她二话没说，勇挑重担。她横下心，早来晚走，工作更加细心，任劳任怨地工作在布机旁，虽然累点，但产质量都能完成得非常好。经过一段时间的努力，15 区的运转效率提高了，而且被评为"红旗挡车区"。

张卫华说，党中央国务院对振兴东北老工业基地非常重视，尤其当前东北经济到了"爬坡过坎"的关键阶段，作为一名纺织工人，将竭尽全力，发挥才智，在自己的工作岗位上多流汗、多奉献，为实现自己的人生理想，为振兴东北老工业基地，创造新业绩。

纺织女工张卫华用行动、用自己的赤诚和奉献，诠释了"实干兴邦"的真谛。广大党员干部不仅要学习张卫华忠于使命的担当意识，学习她攻坚克难的创新精神，学习她殚精竭虑的奉献品格，更要学习她瞄准实战、真抓实干的务实作风，用实际行动托起中华民族伟大复兴的梦想。

中国人的命运掌握在自己手里，中国人的美好生活要靠自己创造。

梦在前方，路在脚下，我们必须用实干托起中国梦。

参考文献

1. 中共中央党校教务部. 毛泽东著作选编 [M]. 中共中央党校出版社，2013.

2. 邓小平. 邓小平文选 [M]. 人民出版社，1994.

3. 本书编写组. 习近平总书记系列讲话精神学习读本 [M]. 中共中央党校出版社，2014.

4. 习近平. 习近平谈治国理政 [M]. 外文出版社，2014.

5. 叶永烈. 他影响了中国：陈云全传 [M]. 四川人民出版社，2013.

6. 胡锦涛. 坚定不移沿着中国特色社会主义道路前进为全面建成小康社会而奋斗：中国共产党第十八次代表大会报告 [M]. 人民出版社 .2012.

7. 中共中央关于全面深化改革若干重大问题的决定 [M]. 人民出版社，2013.

8. 中共中央关于全面推进依法治国若干重大问题的决定 [M]. 人民出版社，2014.

久久为功

久久为功